CARTEA DE BUCATURI SALATE ANTIPASTO ARTIGANA

100 de inspirații de salată antipasto de pe țărmurile Italiei, Greciei și nu numai

Daniel Pop

CUPRINS

INTRODUCERE

Bine ați venit la „Cartea de bucate pentru salate antipasto artizanale: 100 de inspirații pentru salate antipasto de pe țărmurile Italiei, Greciei și nu numai." Salatele antipasto sunt o sărbătoare a aromelor mediteraneene, combinând ingrediente proaspete, culori vibrante și arome îndrăznețe pentru a crea o experiență culinară care este atât satisfăcătoare, cât și răcoritoare. În această carte de bucate, vă invităm să porniți într-o călătorie prin regiunile de coastă ale Italiei, Greciei și nu numai, explorând bogata tapiserie de arome care definește acest fel de mâncare îndrăgit.

Originar din cuvintele italiene „anti" (înainte) și „pasto" (masă), antipasto se referă în mod tradițional la o selecție de mici aperitive servite înainte de felul principal. Cu toate acestea, în ultimii ani, conceptul a evoluat pentru a include o varietate de salate care prezintă cele mai bune ingrediente ale cămarei mediteraneene. De la măsline acidulate și brânzeturi cremoase până la mezeluri sărate și legume crocante, salatele antipasto oferă o simfonie de arome și texturi pe cât de satisfăcătoare, pe atât de delicioasă.

În această carte de bucate, veți găsi o gamă variată de inspirații pentru salate antipasto care se inspiră din tradițiile culinare din Italia, Grecia și nu numai. Fiecare rețetă a fost realizată cu atenție pentru a evidenția aromele și ingredientele unice ale regiunii respective, oferind un gust al țărmurilor însorite și al piețelor vibrante care inspiră bucătăria mediteraneană.

Fie că găzduiești un grătar de vară, împachetezi un picnic pentru plajă sau pur și simplu îți dorești o masă ușoară și răcoritoare, rețetele din această carte de bucate vă vor încânta cu siguranță papilele gustative și vă vor transporta în tărâmuri îndepărtate cu fiecare mușcătură. Așa că ia-ți șorțul și pregătește-te să pornești într-o aventură culinară care celebrează arta salatelor antipasto și aromele vibrante ale Mediteranei.

SALATE DE PESTE SI FRUCCE DE MARE

1.Salată de ton antipasto

INGREDIENTE:

- 1/2 cană iaurt simplu
- 1/3 cană maioneză
- 1/4 cană busuioc tocat
- 1/4 lingurita piper
- 1/2 castravete englezesc
- 1 ardei gras
- 2 cani de rosii cherry; înjumătăţit
- 1 1/2 cani de perle bocconcini
- 1/2 cană măsline verzi cu piment
- 2 linguri de ardei iute murati scursi si tocati
- 2 conserve de ton bucăți, scurse
- Salată verde

INSTRUCȚIUNI:

a) Într-un castron mare, combinați iaurtul, maioneza, busuiocul și piperul.

b) Amestecați bine.

c) Adăugați castraveți, ardei gras, roșii, bocconcini, măsline și ardei iute.

d) Aruncă pentru a acoperi.

e) Folosind o furculiță, amestecați ușor tonul, lăsându-l în bucăți mici.

f) Serviți deasupra verdețurilor.

2.Salată antipasto cu ton mediteranean

INGREDIENTE:

- 1 cutie de fasole (năut, mazăre cu ochi negri sau fasole cannellini), clătită
- 2 cutii sau pachete de ton ușor umplute cu apă, scurs și fulgi
- 1 ardei gras rosu mare, taiat marunt
- 1/2 cana ceapa rosie tocata marunt
- 1/2 cana patrunjel proaspat tocat, impartit
- 4 lingurițe capere, clătite
- 1 1/2 linguriță de rozmarin proaspăt tocat mărunt
- 1/2 cană suc de lămâie, împărțit
- 4 linguri ulei de măsline extravirgin, împărțit
- Piper proaspăt măcinat după gust
- 1/4 lingurita sare
- 8 căni de verdeață de salată mixtă

INSTRUCȚIUNI:

a) Combinați fasolea, tonul, ardeiul gras, ceapa, pătrunjelul, caperele, rozmarinul, 1/4 cană suc de lămâie și 2 linguri de ulei într-un castron mediu.
b) Asezonați cu piper.
c) Combinați restul de 1/4 cană de suc de lămâie, 2 linguri de ulei și sare într-un castron mare.
d) Adăugați salată verde; arunca pentru a acoperi.
e) Împărțiți verdeața în 4 farfurii și acoperiți fiecare cu salată de ton.

3.Salată antipasto cu fructe de mare mediteraneene

INGREDIENTE:

- 1 cană de creveți fierți și refrigerați, curățați și devenați
- 1 cană inimioare de anghinare marinate, tăiate în sferturi
- 1/2 cană inele de calamari, fierte și răcite
- 1/2 cană caracatiță, fiartă și tăiată în bucăți mici
- 1/2 cană roșii cherry, tăiate la jumătate
- 1/4 cană măsline negre, fără sâmburi
- 1/4 cană măsline verzi, fără sâmburi
- 1/4 cană ardei roșii prăjiți, feliați
- 1/4 cană ceapă roșie feliată subțire
- 2 linguri capere, scurse
- Pătrunjel proaspăt, tocat (pentru garnitură)
- rondele de lămâie (pentru servire)

ÎMBSĂMÂNT:

- 1/4 cană ulei de măsline extravirgin
- 2 linguri otet de vin rosu
- 1 lingurita mustar de Dijon
- 1 cățel de usturoi, tocat
- Sare si piper dupa gust
- Un praf de oregano uscat

INSTRUCȚIUNI:

a) Într-un castron mare, combinați creveții, inimile de anghinare, calamarii, caracatița, roșiile cherry, măslinele negre și verzi, ardeii roșii prăjiți, ceapa roșie și caperele.
b) Într-un castron mic, amestecați uleiul de măsline, oțetul de vin roșu, muștarul de Dijon, usturoiul tocat, sare, piper și oregano pentru a crea dressingul.
c) Se toarnă dressingul peste amestecul de fructe de mare și se amestecă ușor pentru a se acoperi uniform.
d) Se da la frigider pentru cel putin 30 de minute pentru a permite aromelor sa se topeasca.
e) Se serveste racit, ornat cu patrunjel proaspat si insotit de felii de lamaie.

4.Salată antipasto italiană de creveți și scoici

INGREDIENTE:

- 1 cană de creveți fierți și refrigerați, curățați și devenați
- 1 cană scoici fierte și răcite, tăiate la jumătate dacă sunt mari
- 1 cană de castraveți tăiați cubulețe
- 1/2 cană roșii cherry tăiate în jumătate
- 1/2 cană de bulb de fenicul tăiat subțire
- 1/4 cană ridichi feliate
- 1/4 cană ceapă roșie, feliată subțire
- Frunze de busuioc proaspăt, rupte (pentru garnitură)

ÎMBSĂMÂNT:

- 1/4 cană ulei de măsline extravirgin
- 2 linguri suc de lamaie
- 1 lingurita miere
- 1 cățel mic de usturoi, tocat
- Sare si piper negru crapat dupa gust
- Zest de 1 lămâie

INSTRUCȚIUNI:

a) Într-un castron mare de salată, combinați creveții, scoici, castraveți, roșii cherry, fenicul, ridichi și ceapa roșie.

b) Într-un castron mic, amestecați uleiul de măsline, sucul de lămâie, mierea, usturoiul, sare, piper și coaja de lămâie pentru a crea dressingul.

c) Stropiți dressingul peste amestecul de fructe de mare și legume, amestecând ușor pentru a se combina.

d) Lăsați salata să se răcească la frigider pentru aproximativ 20 de minute înainte de servire.

e) Se ornează cu busuioc proaspăt chiar înainte de servire.

5.Salată antipasto cu somon afumat și avocado

INGREDIENTE:

- 2 căni de verdeață amestecată (cum ar fi rucola și spanac)
- 4 oz somon afumat, feliat subțire
- 1 avocado, feliat
- 1/2 castravete, feliat în panglici
- 1/4 cană ceapă roșie, feliată subțire
- 2 linguri capere, scurse
- Mărar proaspăt pentru garnitură

INSTRUCȚIUNI:

a) Aranjați verdețurile mixte pe un platou sau într-un castron mare ca bază pentru salată.

b) Acoperiți cu felii de somon afumat, felii de avocado, panglici de castraveți, ceapă roșie și capere.

c) Într-un castron mic, amestecați uleiul de măsline, sucul de lămâie, mierea, sare și piper pentru a crea dressingul.

d) Stropiți dressingul peste salată chiar înainte de servire.

e) Se ornează cu mărar proaspăt. Serviți imediat pentru a vă bucura de aromele proaspete.

6.Salată antipasto de caracatiță și cartofi la grătar

INGREDIENTE:

- 1 lb caracatiță, curățată și pre-fiertă până când se înmoaie
- 1 kg de cartofi mici, fierți până când sunt fragezi și tăiați la jumătate
- 1/4 cană ulei de măsline extravirgin, plus extra pentru grătar
- 1/2 lămâie, suc
- 2 catei de usturoi, tocati
- 1 lingurita boia afumata
- 1/4 cana patrunjel, tocat
- Sare si piper negru proaspat macinat dupa gust

INSTRUCȚIUNI:

a) Preîncălziți grătarul la foc mediu-mare. Se amestecă caracatița prefiartă cu puțin ulei de măsline, sare și piper.
b) Caracatița la grătar aproximativ 2-3 minute pe fiecare parte, până când este carbonizată și crocantă. Lăsați-l să se răcească puțin, apoi tăiați-o în bucăți mici.
c) Într-un castron mare, combinați caracatița la grătar, cartofii fierți, uleiul de măsline, sucul de lămâie, usturoiul tocat, boiaua afumată și pătrunjelul. Se amestecă pentru a combina.
d) Se condimenteaza cu sare si piper dupa gust.
e) Serviți salata caldă sau la temperatura camerei, ornata cu pătrunjel suplimentar dacă doriți.

SALATE DE VEGIE

7.Bol italian de salată antipasto

INGREDIENTE:

- 6 uncii inimioare de anghinare
- 8-3/4 uncie cutie de fasole garbanzo, scursă
- 8-3/4 uncie cutie de fasole roșie, scursă
- 6-1/2 uncie cutie de ton aprins în apă, scurs și fulgi
- 1/2 ceapă roșie dulce, feliată subțire
- 3 linguri sos de salată italian
- 1/2 cană țelină, feliată subțire
- 6 cani de salata verde mixta
- 2 uncii hamsii, scurse
- 3 uncii de salam uscat, tăiat în fâșii subțiri
- 2 uncii brânză Fontina, tăiată în cuburi
- Ardei roșii și verzi murați pentru decor

INSTRUCȚIUNI:

a) Amestecați anghinarea și marinada cu fasole, ton, ceapă și 2 linguri de dressing îmbuteliat.
b) Acoperiți și lăsați la frigider pentru 1 oră sau mai mult pentru a amesteca aromele.
c) Într-un castron mare de salată, combinați ușor amestecul marinat cu țelina și verdeața de salată.
d) Dacă este necesar, amestecați puțin mai mult dressing îmbuteliat.
e) Deasupra se aranjează anșoa, salamul și brânză, apoi se ornează cu ardei. Serviți imediat.

8. Salata Antipasto de Legume la Gratar

INGREDIENTE:

- 2 dovlecei medii, feliați pe lungime
- 2 ardei gras (culori asortate), taiati in jumatate si fara samburi
- 1 vinete mare, tăiată rondele
- 1 ceapa rosie, taiata rondele groase
- 1 cană roșii cherry
- 1/4 cană frunze de busuioc proaspăt, rupte
- 1/4 cană măsline Kalamata, fără sâmburi și tăiate la jumătate
- 2 linguri capere, scurse
- Sare si piper negru dupa gust
- Ulei de masline extravirgin, pentru gratar

ÎMBSĂMÂNT:

- 1/4 cană ulei de măsline extravirgin
- 2 linguri de otet balsamic
- 1 cățel de usturoi, tocat
- 1 lingurita mustar de Dijon
- Sare si piper negru proaspat macinat dupa gust

INSTRUCȚIUNI:

a) Preîncălziți grătarul la foc mediu-mare.
b) Ungeți legumele cu ulei de măsline și asezonați cu sare și piper.
c) Legumele la grătar până se înmoaie și se carbonizează ușor, aproximativ 4-5 minute pe parte pentru dovlecei, ardei gras și vinete și aproximativ 2-3 minute pentru rondele de ceapă.
d) Scoateți legumele de pe grătar și lăsați-le să se răcească puțin. Apoi, tăiați-le în bucăți mici.
e) Într-un castron mare, combinați legumele la grătar, roșiile cherry, frunzele de busuioc rupte, măslinele și caperele.
f) Într-un castron mic, amestecați uleiul de măsline, oțetul balsamic, usturoiul tocat, muștarul de Dijon, sare și piper pentru a face dressingul.
g) Se toarnă dressingul peste salată și se amestecă ușor pentru a se acoperi.
h) Serviți la temperatura camerei sau răcit, ornat cu frunze suplimentare de busuioc, dacă doriți.

9.Salată de antipaste de grădină proaspătă

INGREDIENTE:

- 2 căni de verdeață de salată mixtă (cum ar fi rucola, spanac și salată verde)
- 1 cană de roșii cherry, tăiate la jumătate
- 1 cană de castraveți, tăiați cubulețe
- 1 cană ardei gras (culori asortate), tăiați cubulețe
- 1/2 cană ceapă roșie, feliată subțire
- 1/4 cană măsline verzi fără sâmburi, tăiate la jumătate
- 1/4 cană brânză feta mărunțită
- 2 linguri busuioc proaspăt tocat
- Sare si piper negru dupa gust

INSTRUCȚIUNI:

a) Într-un castron mare de salată, combinați verdețurile de salată, roșiile cherry, castraveții tăiați cubulețe, ardeii gras tăiați cubulețe, ceapa roșie feliată subțire și măslinele verzi tăiate în jumătate.
b) Presărați brânză feta mărunțită peste salată.
c) Adăugați deasupra busuioc proaspăt tocat.
d) Se condimenteaza cu sare si piper negru dupa gust.
e) Se amestecă ușor pentru a combina toate ingredientele și a distribui uniform aromele.
f) Serviți imediat ca aperitiv sau garnitură răcoritoare și vibrantă. Bucurați-vă de gustul proaspăt al grădinii la fiecare înghițitură!

10.Salată Antipasto de inspirație grecească

INGREDIENTE:

- 1 cană de roșii cherry, tăiate la jumătate
- 1 castravete, taiat cubulete
- 1 ardei gras (orice culoare), taiat cubulete
- 1 cană măsline Kalamata, fără sâmburi
- 1/2 cană ceapă roșie, feliată subțire
- 1 cană brânză feta, mărunțită
- 1/4 cana patrunjel proaspat, tocat
- 1/4 cană ulei de măsline extravirgin
- 2 linguri otet de vin rosu
- 1 lingurita oregano uscat
- Sare si piper dupa gust

INSTRUCȚIUNI:

a) Într-un castron mare, combinați roșiile cherry, castravetele, ardeiul gras, măslinele, ceapa roșie, brânza feta și pătrunjelul.
b) Într-un castron mic, amestecați uleiul de măsline, oțetul de vin roșu, oregano uscat, sare și piper pentru a face dressingul.
c) Se toarnă dressingul peste salată și se amestecă ușor pentru a se acoperi.
d) Serviți imediat sau lăsați la frigider aproximativ 30 de minute pentru a permite aromelor să se topească.

11.Salata Caprese Antipasto

INGREDIENTE:

- 2 căni de roșii cherry, tăiate la jumătate
- 2 cani de mini bile de mozzarella (bocconcini)
- 1/4 cană frunze de busuioc proaspăt, rupte
- 2 linguri ulei de masline extravirgin
- 1 lingura otet balsamic
- Sare si piper dupa gust

INSTRUCȚIUNI:

a) Într-un castron mare, combinați roșiile cherry, mini-bile de mozzarella și frunzele de busuioc rupte.
b) Peste salată se stropește ulei de măsline și oțet balsamic.
c) Se condimenteaza cu sare si piper dupa gust.
d) Se amestecă ușor pentru a se combina.
e) Serviți imediat sau puneți la frigider până la 30 de minute înainte de servire pentru a permite aromelor să se topească.

SALATE DE CARNE CĂRATĂ

12.Salata Antipasto Toscana

INGREDIENTE:

- Prosciutto
- Salam
- Inimioare de anghinare marinate
- Măsline (verzi și negre)
- Rosii uscate la soare
- Biluțe proaspete de mozzarella
- Felii de pâine la grătar

INSTRUCȚIUNI:

a) Aranjați toate ingredientele pe un platou mare.
b) Serviți cu felii de pâine la grătar.
c) Stropiți ulei de măsline extravirgin și stropiți cu ierburi proaspete pentru un plus de aromă.

13.Salata antipasto de petrecere

INGREDIENTE:

- 1 poate (16 oz.) inimioare de anghinare; scurs/înjumătăţit
- 1 kg Varza de Bruxelles congelata
- ¾ de kilograme de roşll cherry
- 1 borcan (5 3/4 oz.) măsline verzi spaniole; drenat
- 1 borcan (12 oz.) ardei pepperoncini; drenat
- 1 kg ciuperci proaspete; curățate
- 1 cutie (16 oz.) inimi de palmier; opțional
- 1 kg Pepperoni sau salam; cuburi
- 1 borcan (16 oz.) măsline negre; drenat
- ¼ cană otet de vin rosu
- ¾ cană Ulei de masline
- ½ lingurita Zahăr
- 1 lingurita mustar Dijon
- Sare; la gust
- Piper proaspăt măcinat; la gust

INSTRUCȚIUNI :

a) Combinați toate ingredientele înainte de a adăuga vinegreta.
b) Se da la frigider pentru 24 de ore.

14. Tabla de brânză pentru aperitiv antipasto

INGREDIENTE:

- Mezeluri asortate (cum ar fi prosciutto, salam sau capicola)
- Brânzeturi asortate (cum ar fi mozzarella, provolone sau Asiago)
- Inimioare de anghinare marinate
- Măsline marinate
- Ardei roșii prăjiți
- Legume la grătar sau marinate (cum ar fi dovleceii sau vinetele)
- Paine asortata sau grisine
- Glazură balsamică sau reducere pentru burniță
- Busuioc proaspăt sau pătrunjel pentru ornat

INSTRUCȚIUNI:

a) Aranjați mezelurile asortate pe o masă mare de servire sau un platou.
b) Puneți brânzeturile asortate alături de carne.
c) Adăugați pe masă inimioare de anghinare marinate, măsline marinate și ardei roșii prăjiți.
d) Includeți legume la grătar sau marinate pentru un plus de aromă și varietate.
e) Oferiți o varietate de pâine sau grisine pentru ca oaspeții să se bucure cu carne și brânzeturi.
f) Stropiți ingredientele cu glazură balsamică sau reducere pentru o atingere acidulată și dulce.
g) Se ornează cu busuioc proaspăt sau pătrunjel pentru un plus de prospețime și atracție vizuală.
h) Serviți și bucurați-vă!

15.Salată Wonton Antipasto

INGREDIENTE:

- 4 căni de verdeață amestecată
- 1/4 cană salam feliat
- 1/4 cană pepperoni felii
- 1/4 cană brânză provolone feliată
- 1/4 cană ardei roșu copți feliați
- 8 împachetări wonton, prăjite și tocate

ÎMBSĂMÂNT:

- 2 linguri otet de vin rosu
- 1 lingura ulei de masline
- 1 cățel de usturoi, tocat
- Sare si piper dupa gust

INSTRUCȚIUNI:

a) Într-un castron mare, combinați verdețurile amestecate, salamul feliat, pepperoni felii, brânză provolone feliată și ardeii roșii copți felii.

b) Într-un castron mic, amestecați împreună oțetul de vin roșu, uleiul de măsline, usturoiul tocat, sare și piper pentru a face dressingul.

c) Se toarnă dressingul peste salată și se amestecă.

d) Deasupra cu wonton prajite tocate.

e) Serviți imediat.

16. Salată antipasto spaniolă cu chorizo și manchego

INGREDIENTE:

- 4 căni de verdeață de salată mixtă (cum ar fi spanac și rucola)
- 1 cană de roșii cherry, tăiate la jumătate
- 1/2 cană ardei roșu copți felii
- 1/4 cană măsline spaniole feliate
- 1/4 cană ceapă roșie feliată subțire
- 4 oz chorizo spaniol feliat subțire
- 4 oz brânză Manchego feliată subțire
- 1/4 cană migdale prăjite
- Sare si piper negru dupa gust

ÎMBSĂMÂNT:

- 1/4 cană ulei de măsline extravirgin
- 2 linguri otet de sherry
- 1 lingurita miere
- 1 cățel de usturoi, tocat
- Sare si piper negru proaspat macinat dupa gust

INSTRUCȚIUNI:

a) Într-un castron mare de salată, combinați salata verde, roșiile cherry, ardeii roșii prăjiți, măslinele spaniole și ceapa roșie feliată subțire.
b) Aranjați chorizo spaniol feliat subțire și brânza Manchego deasupra salatei.
c) Presărați migdale prăjite peste salată.
d) Într-un castron mic, amestecați uleiul de măsline, oțetul de sherry, mierea, usturoiul tocat, sarea și piperul pentru a face dressingul.
e) Stropiți dressingul peste salată chiar înainte de servire.
f) Amestecați ușor pentru a acoperi toate ingredientele cu dressing.
g) Serviți imediat ca o salată antipasto de inspirație spaniolă, cu un amestec încântător de arome.

17. Salată Antipasto de Charcuterie Franceză

INGREDIENTE:

- 4 căni de verdeață de salată mixtă (cum ar fi frisée și mâche)
- 1 cană roșii struguri, tăiate la jumătate
- 1/2 cană inimioare de anghinare marinate, tăiate in sferturi
- 1/4 cană măsline Niçoise
- 1/4 cană ceapă roșie feliată subțire
- 4 oz șuncă franceză feliată subțire (jambon)
- 4 oz saucisson sec (cârnat uscat) felii subțiri
- 1/4 cană brânză de capră mărunțită
- Sare si piper negru dupa gust

ÎMBSĂMÂNT:

- 1/4 cană ulei de măsline extravirgin
- 2 linguri otet de vin rosu
- 1 lingurita mustar de Dijon
- 1 şalotă, tocată
- Sare si piper negru proaspat macinat dupa gust

INSTRUCȚIUNI:

a) Într-un castron mare de salată, combinați salata verde, roșiile struguri, inimioare de anghinare marinate, măsline Niçoise și ceapa roșie tăiată subțire.

b) Aranjați șunca franțuzească feliată subțire și sosul sec deasupra salatei.

c) Presărați brânză de capră mărunțită peste salată.

d) Într-un castron mic, amestecați uleiul de măsline, oțetul de vin roșu, muștarul de Dijon, eșapa tocată, sare și piper pentru a face dressingul.

e) Stropiți dressingul peste salată chiar înainte de servire.

f) Amestecați ușor pentru a acoperi toate ingredientele cu dressing.

g) Serviți imediat ca o salată antipasto de inspirație franceză, cu o gamă sofisticată de arome.

18.Salată Antipasto cu carne curată de inspirație grecească

INGREDIENTE:

- 4 cesti de salata verde mixta (cum ar fi salata romana si salata iceberg)
- 1 cană de roșii cherry, tăiate la jumătate
- 1/2 cană castraveți, tăiați cubulețe
- 1/2 cană ardei gras roșu, tăiat cubulețe
- 1/4 cană ceapă roșie, feliată subțire
- 1/4 cană măsline Kalamata, fără sâmburi
- 4 oz de salam grecesc feliat subțire
- 4 oz de carne giroscopică feliată subțire sau fâșii de pui la grătar
- 1/4 cană brânză feta mărunțită
- Sare si piper negru dupa gust

ÎMBSĂMÂNT:

- 1/4 cană ulei de măsline extravirgin
- 2 linguri otet de vin rosu
- 1 lingurita oregano uscat
- 1 cățel de usturoi, tocat
- Sare si piper negru proaspat macinat dupa gust

INSTRUCȚIUNI:

a) Într-un castron mare de salată, combinați verdețurile de salată amestecate, roșiile cherry, castraveții tăiați cubulețe, ardeiul gras roșu tăiat cubulețe, ceapa roșie feliată subțire și măslinele Kalamata.
b) Aranjați salamul grecesc felii subțiri și carnea giroscopică sau fâșiile de pui la grătar deasupra salatei.
c) Presărați brânză feta mărunțită peste salată.
d) Într-un castron mic, amestecați uleiul de măsline, oțetul de vin roșu, oregano uscat, usturoiul tocat, sare și piper pentru a face dressingul.
e) Stropiți dressingul peste salată chiar înainte de servire.
f) Amestecați ușor pentru a acoperi toate ingredientele cu dressing.
g) Serviți imediat ca o salată antipasto de inspirație grecească, cu arome îndrăznețe și fler mediteranean.

19. Rustic Charcuterie Salata Antipasto

INGREDIENTE:

- 4 căni de verdeață de salată mixtă (cum ar fi amestecul de mesclun sau varza kale)
- 1 cană de roșii cherry, tăiate la jumătate
- 1/2 cană inimioare de anghinare marinate, tăiate în sferturi
- 1/4 cană de măsline amestecate fără sâmburi (cum ar fi verzi, negre și Kalamata)
- 1/4 cană ardei roșu copți feliați
- 4 oz coppa sau capicola feliate subțiri
- 4 oz soppressata sau pepperoni felii subtiri
- 1/4 cană parmezan ras
- Sare si piper negru dupa gust

ÎMBSĂMÂNT:

- 1/4 cană ulei de măsline extravirgin
- 2 linguri de otet balsamic
- 1 lingurita miere
- 1 lingurita mustar de Dijon
- Sare si piper negru proaspat macinat dupa gust

INSTRUCȚIUNI:

a) Într-un castron mare de salată, combinați salata verde mixtă, roșiile cherry vechi, inimioare de anghinare marinate, măsline amestecate și ardei roșu prăjiți felii.
b) Aranjați coppa sau capicola feliate subțiri și soppressata sau pepperoni deasupra salatei.
c) Presarati parmezan ras peste salata.
d) Într-un castron mic, amestecați uleiul de măsline, oțetul balsamic, mierea, muștarul de Dijon, sare și piper pentru a face dressingul.
e) Stropiți dressingul peste salată chiar înainte de servire.
f) Amestecați ușor pentru a acoperi toate ingredientele cu dressing.
g) Se servește imediat ca o salată rustică antipasto cu arome puternice și o notă de dulceață din dressing.

20.Salată antipasto cu pepene galben învelit în prosciutto

INGREDIENTE:

- 4 căni de verdeață de salată mixtă (cum ar fi salată verde și spanac baby)
- 1 cană bile de pepene galben sau de pepene galben
- 1/2 cană roșii cherry, tăiate la jumătate
- 1/4 cană ceapă roșie feliată subțire
- 1/4 cană inimioare de anghinare marinate, tăiate în sferturi
- 1/4 cană măsline negre fără sâmburi
- 4 oz de prosciutto feliat subțire
- 1/4 cană brânză de capră mărunțită
- Sare si piper negru dupa gust

ÎMBSĂMÂNT:

- 1/4 cană ulei de măsline extravirgin
- 2 linguri otet balsamic alb
- 1 lingurita miere
- 1 lingurita mustar de Dijon
- Sare si piper negru proaspat macinat dupa gust

INSTRUCȚIUNI:

a) Într-un castron mare de salată, combinați verdețurile de salată amestecate, bile de pepene galben sau de pepene galben, roșiile cherry, ceapa roșie feliată subțire, inimile de anghinare marinate și măslinele negre fără sâmburi.
b) Înfășurați fiecare bila de pepene galben cu o felie de prosciutto.
c) Aranjați bilutele de pepene galben învelite în prosciutto deasupra salatei.
d) Presărați brânză de capră mărunțită peste salată.
e) Într-un castron mic, amestecați uleiul de măsline, oțetul balsamic alb, mierea, muștarul de Dijon, sare și piper pentru a face dressingul.
f) Stropiți dressingul peste salată chiar înainte de servire.
g) Amestecați ușor pentru a acoperi toate ingredientele cu dressing.
h) Serviți imediat ca o salată elegantă antipasto, cu o combinație încântătoare de arome dulci și sărate.

SALATE DE PASTE

21.Salată Fusilli Cheddar Saucy

INGREDIENTE:

- 2 linguri ulei de masline
- 6 cepe verde, tocate
- 1 lingurita sare
- 3/4 ceasca de ardei jalapeno murati tocati
- 1 pachet (16 oz) paste fusilli
- 1 (2,25 oz.) poate felia măsline negre
- 2 lb. carne de vită tocată extra slabă
- 1 pachet (1,25 oz) amestec de condimente pentru taco
- 1 pachet (8 oz.) de brânză Cheddar mărunțită
- 1 borcan (24 oz) salsa ușoară
- 1 sticlă (8 oz.) dressing ranch
- 1 1/2 ardei gras rosii, tocat

INSTRUCȚIUNI:

a) Pune o oală mare la foc mediu. Umpleți-l cu apă și amestecați în el uleiul de măsline cu sare.
b) Gătiți-l până când începe să fiarbă.
c) Adăugați pastele și fierbeți-le timp de 10 minute. Scoateți-l din apă și puneți-l deoparte pentru a se scurge.
d) Pune o tigaie mare la foc mediu. Se rumenește în ea carnea de vită timp de 12 min. Aruncați excesul de grăsime.
e) Adăugați condimentele pentru taco și amestecați-le bine. Pune amestecul deoparte pentru a pierde complet căldura.
f) Obțineți un castron mare: amestecați în el salsa, dressingul ranch, ardeiul gras, ceapa verde, jalapenos și măslinele negre.
g) Adăugați pastele cu carne de vită fiartă, brânză Cheddar și amestecul de dressing. Amestecați-le bine. Puneți o bucată de folie de plastic peste bolul de salată. Pune-l la frigider pentru 1 h 15 min.

22.Salată italiană de paste reci cu salam

INGREDIENTE:

- 2 cani de paste rotini, fierte si racite
- 1/2 lb salam, feliat și tăiat în bucăți mici
- 1 cană de roșii cherry, tăiate la jumătate
- 1/2 cană bile de mozzarella (bocconcini)
- 1/4 cană măsline negre, feliate
- 1/4 cana ceapa rosie, tocata marunt
- 1/4 cană busuioc proaspăt, tocat
- 3 linguri ulei de măsline extravirgin
- 2 linguri otet de vin rosu
- Sare si piper dupa gust

INSTRUCȚIUNI:

a) Într-un castron mare, combinați pastele, salamul, roșiile cherry, biluțele de mozzarella, măslinele negre, ceapa roșie și busuioc proaspăt.

b) Într-un castron mic, amestecați uleiul de măsline, oțetul de vin roșu, sarea și piperul.

c) Se toarnă dressingul peste amestecul de paste și se amestecă până se îmbracă bine.

d) Dati la frigider cel putin 1 ora inainte de servire.

23.cu curcan și afine

INGREDIENTE:

- 2 cani de paste fusilli sau farfalle, fierte si racite
- 1/2 lb piept de curcan, fiert și tăiat cubulețe
- 1/2 cană de afine uscate
- 1/4 cană nuci pecan, tocate și prăjite
- 1/2 cana telina, tocata marunt
- 1/4 cana ceapa rosie, tocata marunt
- 1/3 cană maioneză
- 2 linguri muștar de Dijon
- Sare si piper dupa gust

INSTRUCȚIUNI:

a) Într-un castron mare, combinați pastele, curcanul tăiat cubulețe, merisoarele uscate, nucile pecan, țelina și ceapa roșie.
b) Într-un castron mic, amestecați maioneza, muștarul de Dijon, sare și piper.
c) Se toarnă dressingul peste amestecul de paste și se amestecă până se îmbracă bine.
d) Dati la frigider cel putin 1 ora inainte de servire.

24. Salată de paste reci cu șuncă și cheddar

INGREDIENTE:

- 2 cani de macaroane coate, fierte si racite
- 1/2 lb șuncă, tăiată cubulețe
- 1 cană brânză cheddar, tăiată cubulețe
- 1/2 cană roșii cherry, tăiate la jumătate
- 1/4 cană ardei gras roșu, tăiat cubulețe
- 1/4 cana ceapa verde, tocata
- 1/3 cană maioneză
- 2 linguri smantana
- 1 lingură muștar de Dijon
- Sare si piper dupa gust

INSTRUCȚIUNI:

a) Într-un castron mare, combinați pastele, șunca tăiată cubulețe, brânza cheddar, roșiile cherry, ardeiul gras roșu și ceapa verde.
b) Într-un castron mic, amestecați maioneza, smântâna, muștarul de Dijon, sare și piper.
c) Se toarnă dressingul peste amestecul de paste și se amestecă până se îmbracă bine.
d) Dati la frigider cel putin 1 ora inainte de servire.

25.Salată rece de paste Caesar cu pui

INGREDIENTE:

- 2 cani de paste penne, fierte si racite
- 1 kg piept de pui la gratar, feliat
- 1/2 cană roșii cherry, tăiate la jumătate
- 1/4 cană măsline negre, feliate
- 1/4 cană parmezan ras
- 1/4 cană crutoane, zdrobite
- 1/2 cană dressing Caesar
- Pătrunjel proaspăt pentru garnitură
- Sare si piper dupa gust

INSTRUCȚIUNI:

a) Într-un castron mare, combinați pastele, puiul la grătar, roșiile cherry, măslinele negre, parmezanul și crutoanele zdrobite.
b) Adaugati dressingul Caesar si amestecati pana se omogenizeaza bine.
c) Se ornează cu pătrunjel proaspăt.
d) Dati la frigider cel putin 1 ora inainte de servire.

26.Salată grecească de paste Orzo cu carne giroscopică

INGREDIENTE:

- 2 cani de paste orzo, fierte si racite
- 1/2 lb carne giroscopică, feliată
- 1 cană de castraveți, tăiați cubulețe
- 1/2 cană roșii cherry, tăiate la jumătate
- 1/4 cana ceapa rosie, tocata marunt
- 1/3 cană măsline Kalamata, feliate
- 1/2 cană brânză feta, mărunțită
- 3 linguri dressing grecesc
- Oregano proaspăt pentru garnitură
- Sare si piper dupa gust

INSTRUCȚIUNI:

a) Într-un castron mare, combinați pastele orzo, felii de carne giroscopică, castraveți, roșii cherry, ceapă roșie, măsline Kalamata și brânză feta.
b) Adăugați dressing grecesc și amestecați până se amestecă bine.
c) Se ornează cu oregano proaspăt.
d) Dati la frigider cel putin 1 ora inainte de servire.

27. Salată de paste cu friptură de vită și cheddar

INGREDIENTE:

- 2 cani de paste fusilli, fierte si racite
- 1/2 lb roast beef, feliat subțire și tăiat fâșii
- 1/2 cană brânză cheddar, tăiată cubulețe
- 1/4 cană ardei gras roșu, tăiat cubulețe
- 1/4 cană ardei gras verde, tăiat cubulețe
- 1/4 cana ceapa rosie, tocata marunt
- 1/3 cană sos cremos de hrean
- Sare si piper dupa gust

INSTRUCȚIUNI:

a) Într-un castron mare, combinați pastele, friptura de vită, brânza cheddar, ardeiul gras roșu, ardeiul gras verde și ceapa roșie.
b) Adăugați sosul cremos de hrean și amestecați până se îmbracă bine.
c) Se condimenteaza cu sare si piper dupa gust.
d) Dati la frigider cel putin 1 ora inainte de servire.

28. Bacon Ranch Salată rece de paste cu pui

INGREDIENTE:

- 2 cani de paste rotini, fierte si racite
- 1 kg piept de pui fiert, tăiat cubulețe
- 1/2 cană de slănină, fiartă și mărunțită
- 1/2 cană roșii cherry, tăiate la jumătate
- 1/4 cana ceapa rosie, tocata marunt
- 1/2 cană brânză cheddar, mărunțită
- 1/3 cană dressing ranch
- Arpagic proaspăt pentru ornat
- Sare si piper dupa gust

INSTRUCȚIUNI:

a) Într-un castron mare, combinați pastele, puiul tăiat cubulețe, baconul, roșiile cherry, ceapa roșie și brânza cheddar.
b) Adăugați dressingul ranch și amestecați până se amestecă bine.
c) Se ornează cu arpagic proaspăt.
d) Dati la frigider cel putin 1 ora inainte de servire.

29.Salată italiană de paste antipaste

INGREDIENTE:

- 2 cani de paste papion, fierte si racite
- 1/2 lb salam, feliat și tăiat fâșii
- 1/2 cană brânză provolone, tăiată cubulețe
- 1/4 cană măsline negre, feliate
- 1/4 cană măsline verzi, feliate
- 1/4 cană ardei roșii prăjiți, tocați
- 1/4 cană inimioare de anghinare, tocate
- 1/3 cană sos italian
- Busuioc proaspăt pentru decor
- Sare si piper dupa gust

INSTRUCȚIUNI:

a) Într-un castron mare, combinați pastele, salamul, brânza provolone, măslinele negre, măslinele verzi, ardeii roșii prăjiți și inimioarele de anghinare.
b) Adăugați dressing italian și amestecați până se îmbracă bine.
c) Se ornează cu busuioc proaspăt.
d) Dati la frigider cel putin 1 ora inainte de servire.

30. Salată de paste cu curcan afumat și avocado

INGREDIENTE:

- 2 cani de paste penne, fierte si racite
- 1/2 lb curcan afumat, tăiat cubulețe
- 1 avocado, taiat cubulete
- 1/2 cană roșii cherry, tăiate la jumătate
- 1/4 cana ceapa rosie, tocata marunt
- 1/4 cană brânză feta, mărunțită
- 2 linguri coriandru proaspăt, tocat
- Suc de 2 lime
- 3 linguri ulei de masline
- Sare si piper dupa gust

INSTRUCȚIUNI:

a) Într-un castron mare, combinați pastele, curcanul afumat tăiat cubulețe, avocado tăiat, roșiile cherry, ceapa roșie, brânză feta și coriandru.
b) Stropiți cu suc de lămâie și ulei de măsline.
c) Se amestecă până se combină bine.
d) Se condimenteaza cu sare si piper dupa gust.
e) Dati la frigider cel putin 1 ora inainte de servire.

31. Salată de paste cu cârnați la grătar și legume

INGREDIENTE:

- 2 cani de paste rotini, fierte si racite
- 1/2 lb cârnați la grătar, feliați
- 1 cană dovlecel, tăiat cubulețe
- 1 cană de roșii cherry, tăiate la jumătate
- 1/2 cană ardei gras roșu, tăiat cubulețe
- 1/4 cana ceapa rosie, tocata marunt
- 1/3 cană vinaigretă balsamică
- Busuioc proaspăt pentru decor
- Sare si piper dupa gust

INSTRUCȚIUNI:

a) Într-un castron mare, combinați pastele, cârnații la grătar, dovleceii, roșiile cherry, ardeiul gras roșu și ceapa roșie.
b) Adauga vinaigreta balsamica si amesteca pana se imbraca bine.
c) Se ornează cu busuioc proaspăt.
d) Se condimenteaza cu sare si piper dupa gust.
e) Dati la frigider cel putin 1 ora inainte de servire.

32.Salată de paste reci cu creveți și avocado

INGREDIENTE:

- 2 cani de paste rotini, fierte si racite
- 1/2 lb creveți fierți, curățați și devenați
- 1 avocado, taiat cubulete
- 1/2 cană roșii cherry, tăiate la jumătate
- 1/4 cana ceapa rosie, tocata marunt
- 1/4 cană castraveți, tăiați cubulețe
- 2 linguri coriandru proaspăt, tocat
- Suc de 2 lime
- 3 linguri ulei de masline
- Sare si piper dupa gust

INSTRUCȚIUNI:

a) Într-un castron mare, combinați pastele, creveții fierți, avocado tăiat cubulețe, roșii cherry, ceapă roșie, castraveți și coriandru.
b) Stropiți cu suc de lămâie și ulei de măsline.
c) Se amestecă până se combină bine.
d) Se condimenteaza cu sare si piper dupa gust.
e) Dati la frigider cel putin 1 ora inainte de servire.

33.Pastramă și salată elvețiană de paste reci

INGREDIENTE:

- 2 cani de paste penne, fierte si racite
- 1/2 lb pastramă, feliată și tăiată fâșii
- 1/2 cană brânză elvețiană, tăiată cubulețe
- 1/4 cana muraturi de marar, tocate
- 1/4 cana ceapa rosie, tocata marunt
- 1/3 cană maioneză
- 2 linguri muștar de Dijon
- Sare si piper dupa gust

INSTRUCȚIUNI:

a) Într-un castron mare, combinați pastele, pastrama, brânza elvețiană, murăturile de mărar și ceapa roșie.

b) Într-un castron mic, amestecați maioneza, muștarul de Dijon, sare și piper.

c) Se toarnă dressingul peste amestecul de paste și se amestecă până se îmbracă bine.

d) Dati la frigider cel putin 1 ora inainte de servire.

34.Salată de paste reci cu ton și fasole albă

INGREDIENTE:

- 2 cani de paste fusilli, fierte si racite
- 1 conserve (15 oz) de fasole albă, scursă și clătită
- 1 conserve (5 oz) de ton, scurs și fulgi
- 1/2 cană roșii cherry, tăiate la jumătate
- 1/4 cana ceapa rosie, tocata marunt
- 1/4 cană măsline negre, feliate
- 2 linguri patrunjel proaspat, tocat
- 3 linguri otet de vin rosu
- 2 linguri ulei de masline
- Sare si piper dupa gust

INSTRUCȚIUNI:

a) Într-un castron mare, combinați pastele, fasolea albă, tonul, roșiile cherry, ceapa roșie, măslinele negre și pătrunjelul.
b) Într-un castron mic, amestecați împreună oțetul de vin roșu, uleiul de măsline, sarea și piperul.
c) Se toarnă dressingul peste amestecul de paste și se amestecă până se îmbracă bine.
d) Dati la frigider cel putin 1 ora inainte de servire.

35.B BQ Salată de paste cu pui și porumb

INGREDIENTE:

- 2 cani de paste papion, fierte si racite
- 1 kg piept de pui la gratar, taiat cubulete
- 1 cană boabe de porumb, fierte (proaspete sau congelate)
- 8 fasii de bacon fierte
- 1/4 cana ceapa rosie, tocata marunt
- 1/4 cana coriandru, tocat
- 1/3 cana sos gratar
- 2 linguri maioneza
- Sare si piper dupa gust

INSTRUCȚIUNI:

a) Într-un castron mare, combinați pastele, puiul la grătar tăiat cubulețe, porumbul, baconul, ceapa roșie și coriandru.
b) Într-un castron mic, amestecați sosul de grătar și maioneza.
c) Se toarnă dressingul peste amestecul de paste și se amestecă până se îmbracă bine.
d) Se condimenteaza cu sare si piper dupa gust.
e) Dati la frigider cel putin 1 ora inainte de servire.

36.Salată de paste italiene cu cârnați și ardei

INGREDIENTE:

- 2 cani de paste rotini, fierte si racite
- 1/2 lb cârnați italieni, la grătar și feliați
- 1/2 cană ardei gras (culori asortate), feliate
- 1/4 cana ceapa rosie, tocata marunt
- 1/4 cană măsline negre, feliate
- 1/3 cană sos italian
- Busuioc proaspăt pentru decor
- Sare si piper dupa gust

INSTRUCȚIUNI:

a) Într-un castron mare, combinați pastele, cârnații italieni la grătar, ardeiul gras, ceapa roșie și măslinele negre.
b) Adăugați dressing italian și amestecați până se amestecă bine.
c) Se ornează cu busuioc proaspăt.
d) Se condimenteaza cu sare si piper dupa gust.
e) Dati la frigider cel putin 1 ora inainte de servire.

37.Copycat Ruby Tuesday Salată de paste

INGREDIENTE:

- 10 uncii de mazăre congelată
- 1 kilogram de tăiței rotini
- ¼ cană zară
- 2 linguri condimente ranch
- ½ linguriță de sare de usturoi
- ½ lingurita piper negru
- Parmezan, pentru ornat
- 2 cani de maioneza
- 8 uncii de șuncă, tăiată cubulețe

INSTRUCȚIUNI

SALATA DE PASTE

a) Pregătiți tăițeii rotini urmând instrucțiunile de pe cutie.
b) Pentru a opri procesul de gătire, scurgeți bine și clătiți cu apă rece.
c) După clătire, asigurați-vă că se scurge foarte bine.

ÎMBRACȚIE

d) Combinați maioneza, zara, condimentele pentru ranch, sarea de usturoi și piper negru.

A ASAMBLA

e) Combinați pastele, șunca și mazărea congelată într-un vas de servire.
f) Adaugati dressingul si amestecati pana se distribuie uniform.
g) Dam la frigider pentru cel putin o ora pentru a lasa aromele sa se topeasca.
h) Se amestecă bine înainte de a-l servi cu parmezan ras deasupra.

38.Salată de rotini cu pepperoni cu brânză

INGREDIENTE:

- 1 pachet (16 oz.) paste rotini tricolore
- 1 pachet (8 oz.) de brânză mozzarella
- 1/4 lb. cârnați pepperoni felii
- 1 cană buchețele de broccoli proaspete
- 1 sticlă (16 oz.) salată în stil italian
- 1 conserve (6 oz.) de măsline negre, scurse
- pansament

INSTRUCȚIUNI:

a) Gatiti pastele conform instructiunilor de pe ambalaj.
b) Luați un castron mare: aruncați în el pastele, pepperoni, broccoli, măsline, brânză și dressing.
c) Reglați condimentul salatei și puneți-o la frigider pentru 1 h 10 min. Serviți-l.

39.Salata de Paste Gorgonzola

INGREDIENTE:

- 1 pachet (16 oz.) paste penne
- 1/2 cană ulei de canola
- 2 linguri ulei de canola
- 1/4 cană ulei de nucă
- 2 C. spanac proaspăt - clătit, uscat și rupt în bucăți mari
- 1/3 cana otet de sampanie
- 2 linguri miere
- 1 ardei gras verde mic, tăiat în bucăți de 1 inch
- 2 C. brânză Gorgonzola mărunțită
- 1 C. nuci tocate
- 1 ardei gras rosu mic, taiat in bucati de 1 inch
- 1 ardei gras galben mic, tăiat în bucăți de 1 inch

INSTRUCȚIUNI:

a) Gatiti pastele conform instructiunilor de pe ambalaj.
b) Pune o tigaie mare la foc mediu. Gatiti in el spanacul cu un strop de apa timp de 2-3 minute sau pana se ofileste.
c) Obțineți un castron mare: aruncați în el spanacul, ardeiul verde, ardeiul roșu, ardeiul galben și pastele răcite.
d) Obțineți un castron mic: amestecați în el 1/2 cană de ulei de canola, ulei de nucă, oțet și miere. Amesteca-le bine.
e) Stropiți dressingul peste salata de paste. Acoperiți-l cu nucă și brânză gorgonzola apoi serviți-l.

40.Salată de paste Romano Linguine

INGREDIENTE:

- 1 pachet (8 oz.) paste linguine
- 1/2 linguriță fulgi de ardei roșu
- 1 pungă (12 oz.) buchetele de broccoli, tăiate în bucăți mari
- 1/4 linguriță piper negru măcinat
- Sarat la gust
- 1/4 cană ulei de măsline
- 4 lingurite de usturoi tocat
- 1/2 cană brânză Romano mărunțită mărunt
- 2 linguri de patrunjel proaspat cu frunze plate tocat marunt

INSTRUCȚIUNI:

a) Gatiti pastele conform instructiunilor de pe ambalaj.
b) Aduceți o oală cu apă la fiert. Așezați un aparat cu abur deasupra. Se fierbe broccoli cu capacul la abur timp de 6 minute
c) Pune o cratiță la foc mediu. Încinge uleiul în el. Se caleste in el usturoiul cu fulgi de piper timp de 2 min.
d) Obțineți un castron mare: transferați în el amestecul de usturoi sotat cu paste, broccoli, brânză Romano, pătrunjel, piper negru și sare. Amesteca-le bine.
e) Reglați condimentul salatei. Serviți-l imediat.
f) Bucurați-vă.

41.Salată cu mentă Feta și Orzo

INGREDIENTE:

- 1 1/4 cană paste orzo
- 1 ceapa rosie mica, taiata cubulete
- 6 linguri ulei de măsline, împărțit
- 1/2 cana frunze de menta proaspata tocate marunt
- 3/4 cană linte brună uscată, clătită și scursă
- 1/2 cană mărar proaspăt tocat
- sare si piper dupa gust
- 1/3 cană oțet de vin roșu
- 3 catei de usturoi, tocati
- 1/2 cană măsline Kalamata, fără sâmburi și tocate
- 1 1/2 cană brânză feta mărunțită

INSTRUCȚIUNI:

a) Gatiti pastele conform instructiunilor de pe ambalaj.
b) Aduceți la fiert o cratiță mare cu apă sărată. Gatiti in ea lintea pana incepe sa fiarba.
c) Coborâți focul și puneți capacul. Gatiti lintea timp de 22 de minute. Scoateți-le din apă.
d) Luați un castron mic: amestecați în el uleiul de măsline, oțetul și usturoiul. Bateți-le bine pentru a face dressingul.
e) Luați un castron mare: aruncați în el lintea, sosul, măslinele, brânza feta, ceapa roșie, menta și mărarul, cu sare și piper.
f) Înfășurați o folie de plastic pe bolul de salată și puneți-o la frigider pentru 2 ore și 30 de minute. Ajustați condimentul salatei apoi serviți-o.
g) Bucurați-vă.

42. Salată de paste cu gorgonzola cu nuci

INGREDIENTE:

- 2 lb. vârfuri de muschi, tăiate cuburi
- 1/2 cană vin roșu
- 1/2 ceapa galbena, tocata
- 1 pachet de carne de vită cu amestec de supă de ceapă
- 2 conserve (10,75 oz.) supă cremă condensată de ciuperci
- 2 pachete (16 oz.) taitei cu ou
- 1 cană lapte

INSTRUCȚIUNI:

a) Se încălzește o tigaie mare la foc mediu-mare și se prăjește carnea de vită și ceapa pentru aproximativ 5
b) minute.
c) Între timp, într-un castron, amestecați supa de ciuperci, vinul, laptele și amestecul de supă.
d) Puneți amestecul în tigaie și aduceți la fiert.
e) Reduceți focul la mic și fierbeți, acoperit timp de aproximativ 2 ore.
f) Reduceți căldura la cea mai mică temperatură și fierbeți, acoperit timp de aproximativ 4 ore.
g) Într-o cratiță mare cu apă clocotită ușor sărată, gătiți tăițeii cu ou timp de aproximativ 5 minute.
h) Scurgeți bine.
i) Peste tăiței se pune amestecul de carne de vită și se servește.

43. Salată de paste proaspete cu lămâie

INGREDIENTE:

- 1 pachet (16 oz.) paste rotini tricolore
- 1 praf sare si piper negru macinat dupa gust
- 2 roșii, fără semințe și tăiate cubulețe
- 2 castraveți - curățați de coajă, fără semințe și tăiați cubulețe
- 1 avocado, taiat cubulete
- 1 stoarce suc de lamaie
- 1 cutie (4 oz.) măsline negre feliate
- 1/2 cană sos italian sau mai mult după gust
- 1/2 cană parmezan mărunțit

INSTRUCȚIUNI:

a) Gatiti pastele conform instructiunilor de pe ambalaj.
b) Obțineți un castron mare: amestecați în el pastele, roșiile, castraveții, măslinele, sosul italian, parmezanul, sare și piper. Amestecați-le bine.
c) Pune pastele la frigider pentru 1 h 15 minute.
d) Luați un castron mic: amestecați în el sucul de lămâie cu avocado. Se amestecă avocado cu salata de paste, apoi se servește.
e) Bucurați-vă.

44.Salată Tortellini cu trei brânzeturi

INGREDIENTE:

- 1 lb tortellini cu brânză tricoloră, fierte și răcite
- 1 cană brânză mozzarella, tăiată cubulețe
- 1/2 cană brânză feta, mărunțită
- 1/4 cană parmezan ras
- 1 cană de roșii cherry, tăiate la jumătate
- 1/4 cana ceapa rosie, tocata marunt
- 1/4 cană busuioc proaspăt, tocat
- 1/3 cană sos de vinaigretă balsamic

INSTRUCȚIUNI:

a) Într-un castron mare, combinați tortellini, mozzarella, feta, parmezan, roșii cherry, ceapa roșie și busuioc proaspăt.
b) Stropiți vinaigreta balsamică peste salată și amestecați pentru a se combina.
c) Dati la frigider cel putin 1 ora inainte de servire.

45.Salată Penne pesto și roșii uscate la soare

INGREDIENTE:

- 2 cani de paste penne, fierte si racite
- 1/2 cana rosii uscate la soare, tocate
- 1/2 cană parmezan mărunțit
- 1/3 cană nuci de pin, prăjite
- 1 cană baby spanac
- 1/2 cană sos pesto
- Sare si piper dupa gust

INSTRUCȚIUNI:

a) Într-un castron mare, combinați pastele penne, roșiile uscate la soare, parmezanul, nucile de pin și spanac pentru copii.
b) Adăugați sosul pesto și amestecați până când totul este bine acoperit.
c) Se condimenteaza cu sare si piper dupa gust.
d) Dati la frigider cel putin 1 ora inainte de servire.

46. Salată de paste cu papion cheddar și broccoli

INGREDIENTE:

- 2 cani de paste papion, fierte si racite
- 1 cană brânză cheddar ascuțită, mărunțită
- 1 cană buchețele de broccoli, albite și tocate
- 1/4 cana ceapa rosie, tocata marunt
- 1/2 cană maioneză
- 2 linguri de otet alb
- 1 lingura zahar
- Sare si piper dupa gust

INSTRUCȚIUNI:

a) Într-un castron mare, combinați pastele cu papion, brânza cheddar, broccoli și ceapa roșie.
b) Într-un castron separat, amestecați maioneza, oțetul alb, zahărul, sarea și piperul.
c) Se toarnă dressingul peste amestecul de paste și se amestecă până se îmbracă uniform.
d) Dati la frigider cel putin 1 ora inainte de servire.

47. Salată cu tofu și susan la grătar

INGREDIENTE:

- 2 cani de taitei soba, fierti si raciti
- 1 bloc de tofu extra ferm, la grătar și tăiat cubulețe
- 1 cană de mazăre snap, albită și tăiată felii
- 1/2 cană morcovi mărunțiți
- 1/4 cana ceapa verde, tocata
- 2 linguri de seminte de susan, prajite
- 1/3 cană sos de soia
- 2 linguri ulei de susan
- 1 lingura otet de orez
- 1 lingura miere

INSTRUCȚIUNI:

a) Prăjiți tofu până când are urme de grătar, apoi tăiați-l cubulețe.
b) Într-un castron mare, combinați tăițeii soba, tofu la grătar, mazărea, morcovii mărunțiți, ceapa verde și semințele de susan.
c) Într-un castron mic, amestecați sosul de soia, uleiul de susan, oțetul de orez și mierea.
d) Se toarnă dressingul peste amestecul de tăiței și se amestecă până se îmbracă bine.
e) Dati la frigider cel putin 1 ora inainte de servire.

48. Salată de paste cu scoici și sparanghel la grătar

INGREDIENTE:

- 2 cani de paste papion, fierte si racite
- 1 lb scoici, la grătar
- 1 cană sparanghel, la grătar și tocat
- 1/4 cana rosii uscate la soare, tocate
- 1/4 cană busuioc proaspăt, tocat
- 3 linguri ulei de măsline extravirgin
- Suc de 2 lămâi
- Sare si piper dupa gust

INSTRUCȚIUNI:

a) Prăjiți scoici până când au urme de grătar.
b) Prăjiți sparanghelul până se înmoaie și tăiați-l în bucăți mici.
c) Într-un castron mare, combinați pastele, scoici la grătar, sparanghel la grătar, roșii uscate la soare și busuioc proaspăt.
d) Într-un castron mic, amestecați uleiul de măsline și sucul de lămâie.
e) Turnați dressingul peste amestecul de paste și amestecați până se omogenizează bine.
f) Se condimenteaza cu sare si piper dupa gust.
g) Dati la frigider cel putin 1 ora inainte de servire.

49. Salată de paste cu ton și anghinare

INGREDIENTE:

- 2 cani de paste fusilli, fierte si racite
- 1 conserve (6 oz) de ton, scurs și fulgi
- 1 cană de roșii cherry, tăiate la jumătate
- 1/2 cană inimioare de anghinare marinate, tocate
- 1/4 cană măsline negre, feliate
- 2 linguri capere
- 1/4 cana ceapa rosie, tocata marunt
- 2 linguri patrunjel proaspat, tocat
- 3 linguri ulei de masline
- 2 linguri otet de vin rosu
- Sare si piper dupa gust

INSTRUCȚIUNI:

a) Într-un castron mare, combinați pastele, tonul, roșiile cherry, inimioare de anghinare, măsline, capere, ceapa roșie și pătrunjel.
b) Într-un castron mic, amestecați uleiul de măsline, oțetul de vin roșu, sarea și piperul.
c) Turnați dressingul peste amestecul de paste și amestecați până se omogenizează bine.
d) Dati la frigider cel putin 1 ora inainte de servire.

50. Salată de paste cu creveți și avocado

INGREDIENTE:

- 2 cani de paste penne, fierte si racite
- 1 kg de creveți fierți, curățați și devenați
- 2 avocado, tăiate cubulețe
- 1 cană de roșii cherry, tăiate la jumătate
- 1/4 cana ceapa rosie, tocata marunt
- 1/4 cană coriandru proaspăt, tocat
- Suc de 2 lime
- 3 linguri ulei de masline
- Sare si piper dupa gust

INSTRUCȚIUNI:

a) Într-un castron mare, combinați pastele, creveții, avocado, roșiile cherry, ceapa roșie și coriandru.
b) Stropiți cu suc de lămâie și ulei de măsline, apoi condimentați cu sare și piper.
c) Se amestecă până se combină bine.
d) Dati la frigider cel putin 1 ora inainte de servire.

51. Salată de paste cu somon afumat și mărar

INGREDIENTE:

- 2 cani de paste rotini, fierte si racite
- 4 oz somon afumat, tocat
- 1/2 cană castraveți, tăiați cubulețe
- 1/4 cana ceapa rosie, tocata marunt
- 2 linguri capere
- 1/4 cană mărar proaspăt, tocat
- 1/3 cană iaurt grecesc simplu
- Suc de 1 lămâie
- Sare si piper dupa gust

INSTRUCȚIUNI:

a) Într-un castron mare, combinați pastele, somonul afumat, castravetele, ceapa roșie, caperele și mărarul.
b) Într-un castron mic, amestecați iaurtul grecesc și sucul de lămâie.
c) Se toarnă amestecul de iaurt peste paste și se amestecă până se îmbracă bine.
d) Se condimenteaza cu sare si piper dupa gust.
e) Dati la frigider cel putin 1 ora inainte de servire.

52. Salată de paste cu crab și mango

INGREDIENTE:

- 2 cani de paste farfalle, fierte si racite
- 1 lb carne de crab, culesă
- 1 mango, taiat cubulete
- 1/2 cană ardei gras roșu, tăiat cubulețe
- 1/4 cana ceapa rosie, tocata marunt
- 1/4 cană coriandru proaspăt, tocat
- Suc de 2 lime
- 3 linguri maioneza
- Sare si piper dupa gust

INSTRUCȚIUNI:

a) Într-un castron mare, combinați pastele, carnea de crab, mango, ardeiul gras roșu, ceapa roșie și coriandru.
b) Într-un castron mic, amestecați sucul de lămâie și maioneza.
c) Turnați dressingul peste amestecul de paste și amestecați până se omogenizează bine.
d) Se condimenteaza cu sare si piper dupa gust.
e) Dati la frigider cel putin 1 ora inainte de servire.

53. Salată de paste cu fructe tropicale și creveți

INGREDIENTE:

- 2 cani de paste fusilli, fierte si racite
- 1/2 lb creveți fierți, curățați și devenați
- 1 cană bucăți de ananas
- 1 cană de mango, tăiat cubulețe
- 1/2 cană ardei gras roșu, tăiat cubulețe
- 1/4 cana ceapa rosie, tocata marunt
- 1/3 cană fulgi de cocos
- 3 linguri suc de lamaie
- 2 linguri miere
- Sare si piper dupa gust

INSTRUCȚIUNI:

a) Într-un castron mare, combinați pastele, creveții fierți, bucățile de ananas, mango, ardeiul gras roșu, ceapa roșie și fulgii de nucă de cocos.
b) Într-un castron mic, amestecați sucul de lămâie și mierea.
c) Se toarnă dressingul peste amestecul de paste și se amestecă până se îmbracă bine.
d) Se condimenteaza cu sare si piper dupa gust.
e) Dati la frigider cel putin 1 ora inainte de servire.

54.Salată de paste cu fructe de pădure și feta

INGREDIENTE:

- 2 cani de paste papion, fierte si racite
- 1 cană căpșuni, feliate
- 1/2 cană afine
- 1/2 cană zmeură
- 1/2 cană brânză feta, mărunțită
- 1/4 cana menta proaspata, tocata
- 3 linguri glazura balsamic
- 3 linguri ulei de masline
- Sare si piper dupa gust

INSTRUCȚIUNI:

a) Într-un castron mare, combinați pastele, căpșunile, afinele, zmeura, brânza feta și menta proaspătă.
b) Stropiți cu glazură balsamică și ulei de măsline.
c) Se amestecă până se combină bine.
d) Se condimenteaza cu sare si piper dupa gust.
e) Dati la frigider cel putin 1 ora inainte de servire.

55.Salată de paste cu citrice și avocado

INGREDIENTE:

- 2 cani de paste rotini, fierte si racite
- 1 portocală, segmentată
- 1 grapefruit, segmentat
- 1 avocado, taiat cubulete
- 1/4 cana ceapa rosie, tocata marunt
- 2 linguri coriandru proaspăt, tocat
- 3 linguri suc de portocale
- 2 linguri suc de lamaie
- 3 linguri ulei de masline
- Sare si piper dupa gust

INSTRUCȚIUNI:

a) Într-un castron mare, combinați pastele, segmentele de portocale, segmentele de grepfrut, avocado tăiat cubulețe, ceapa roșie și coriandru.
b) Într-un castron mic, amestecați sucul de portocale, sucul de lime și uleiul de măsline.
c) Se toarnă dressingul peste amestecul de paste și se amestecă până se îmbracă bine.
d) Se condimenteaza cu sare si piper dupa gust.
e) Dati la frigider cel putin 1 ora inainte de servire.

56.Salata de paste cu pepene verde si feta

INGREDIENTE:

- 2 cani de paste penne sau macaroni, fierte si racite
- 2 căni de pepene verde, tăiat cubulețe
- 1/2 cană castraveți, tăiați cubulețe
- 1/4 cana ceapa rosie, tocata marunt
- 1/2 cană brânză feta, mărunțită
- 2 linguri de menta proaspata, tocata
- 3 linguri glazura balsamic
- 3 linguri ulei de masline
- Sare si piper dupa gust

INSTRUCȚIUNI:

a) Într-un castron mare, combinați pastele, pepenele verde, castraveții, ceapa roșie, brânză feta și menta proaspătă.
b) Stropiți cu glazură balsamică și ulei de măsline.
c) Se amestecă până se combină bine.
d) Se condimenteaza cu sare si piper dupa gust.
e) Dati la frigider cel putin 1 ora inainte de servire.

57.Salată de paste cu mango și fasole neagră

INGREDIENTE:

- 2 cani de paste farfalle, fierte si racite
- 1 mango, taiat cubulete
- 1 cană fasole neagră, clătită și scursă
- 1 cana porumb prajit (optional)
- 1/2 cană ardei gras roșu, tăiat cubulețe
- 1/4 cana ceapa rosie, tocata marunt
- 2 linguri coriandru proaspăt, tocat
- 3 linguri suc de lamaie
- 2 linguri ulei de masline
- 1 lingurita chimen
- Sare si piper dupa gust

INSTRUCȚIUNI:

a) Într-un castron mare, combinați pastele, mango tăiat cubulețe, fasole neagră, porumb, ardei gras roșu, ceapă roșie și coriandru.
b) Într-un castron mic, amestecați sucul de lămâie, uleiul de măsline, chimenul, sarea și piperul.
c) Se toarnă dressingul peste amestecul de paste și se amestecă până se îmbracă bine.
d) Dati la frigider cel putin 1 ora inainte de servire.

58. Salată de paste cu mere și nuci

INGREDIENTE:

- 2 cani de paste penne, fierte si racite
- 2 mere, tăiate cubulețe
- 1/2 cana telina, tocata marunt
- 1/4 cana nuci, tocate si prajite
- 1/4 cană stafide
- 1/3 cană iaurt grecesc
- 2 linguri maioneza
- 1 lingura miere
- 1/2 lingurita scortisoara
- Sarat la gust

INSTRUCȚIUNI:

a) Într-un castron mare, combinați pastele, merele tăiate cubulețe, țelina, nucile și stafidele.

b) Într-un castron mic, amestecați împreună iaurtul grecesc, maioneza, mierea, scorțișoara și un praf de sare.

c) Se toarnă dressingul peste amestecul de paste și se amestecă până se îmbracă bine.

d) Dati la frigider cel putin 1 ora inainte de servire.

59.Salata de paste cu sunca si ananas

INGREDIENTE:

- 2 cani de paste uscate, fierte si racite
- 1 cană bucăți de ananas
- 1/2 cană șuncă, tăiată cubulețe
- 1/4 cană ardei gras roșu, tăiat cubulețe
- 1/4 cana ceapa verde, tocata
- 1/3 cană maioneză
- 2 linguri muștar de Dijon
- 1 lingura miere
- Sare si piper dupa gust

INSTRUCȚIUNI:

a) Într-un castron mare, combinați pastele, bucățile de ananas, șunca tăiată, ardeiul gras roșu și ceapa verde.
b) Într-un castron mic, amestecați maioneza, muștarul de Dijon, mierea, sare și piper.
c) Se toarnă dressingul peste amestecul de paste și se amestecă până se îmbracă bine.
d) Dati la frigider cel putin 1 ora inainte de servire.

60.Salată de paste cu fructe de pădure cu citrice

INGREDIENTE:

- 2 cani de paste papion, fierte si racite
- 1 cană amestec de fructe de pădure (căpșuni, afine, zmeură)
- 1 portocală, segmentată
- 1/4 cana menta proaspata, tocata
- 2 linguri miere
- 2 linguri suc de portocale
- 1 lingura suc de lamaie
- Sarat la gust

INSTRUCȚIUNI:

a) Într-un castron mare, combinați pastele, fructele de pădure amestecate, segmentele de portocale și menta proaspătă.
b) Într-un castron mic, amestecați mierea, sucul de portocale, sucul de lime și un praf de sare.
c) Se toarnă dressingul peste amestecul de paste și se amestecă până se îmbracă bine.
d) Dati la frigider cel putin 1 ora inainte de servire.

61.Salată de paste cu kiwi, căpșuni și rotini

INGREDIENTE:

- 2 cani de paste rotini, fierte si racite
- 1 cană căpșuni, feliate
- 2 kiwi, curatati si taiati cubulete
- 1/4 cană migdale, feliate și prăjite
- 2 linguri sos cu mac
- 2 linguri iaurt grecesc
- 1 lingura miere
- Sarat la gust

INSTRUCȚIUNI:

a) Într-un castron mare, combinați pastele, căpșunile feliate, kiwi-urile tăiate cubulețe și migdalele prăjite.
b) Într-un castron mic, amestecați sosul cu semințe de mac, iaurtul grecesc, mierea și un praf de sare.
c) Se toarnă dressingul peste amestecul de paste și se amestecă până se îmbracă bine.
d) Dati la frigider cel putin 1 ora inainte de servire.

62.Salsa de mango cu salata de paste Farfalle

INGREDIENTE:

- 2 cani de paste farfalle, fierte si racite
- 1 mango, taiat cubulete
- 1/2 cană fasole neagră, clătită și scursă
- 1/4 cană ardei gras roșu, tăiat cubulețe
- 1/4 cana ceapa rosie, tocata marunt
- 2 linguri coriandru proaspăt, tocat
- 3 linguri suc de lamaie
- 2 linguri ulei de masline
- 1 lingurita chimen
- Sare si piper dupa gust

INSTRUCȚIUNI:

a) Într-un castron mare, combinați pastele, mango tăiat cubulețe, fasole neagră, ardei gras roșu, ceapă roșie și coriandru.
b) Într-un castron mic, amestecați sucul de lămâie, uleiul de măsline, chimenul, sarea și piperul.
c) Se toarnă dressingul peste amestecul de paste și se amestecă până se îmbracă bine.
d) Dati la frigider cel putin 1 ora inainte de servire.

63. Salată de paste cu piersici și prosciutto

INGREDIENTE:

- 2 cani de paste fusilli, fierte si racite
- 2 piersici, feliate
- 1/4 cană prosciutto, feliat subțire
- 1/2 cană bile de mozzarella
- 1/4 cana ceapa rosie, tocata marunt
- 3 linguri glazura balsamic
- 3 linguri ulei de masline
- Sare si piper dupa gust

INSTRUCȚIUNI:

a) Într-un castron mare, combinați pastele, piersici feliate, prosciutto, bile de mozzarella și ceapa roșie.
b) Stropiți cu glazură balsamică și ulei de măsline.
c) Se amestecă până se combină bine.
d) Se condimenteaza cu sare si piper dupa gust.
e) Dati la frigider cel putin 1 ora inainte de servire.

64.Salată de paste cu afine și brânză de capră

INGREDIENTE:

- 2 cani de paste penne, fierte si racite
- 1 cană afine
- 1/2 cană brânză de capră, mărunțită
- 1/4 cană migdale, feliate și prăjite
- 2 linguri miere
- 2 linguri de otet balsamic
- 3 linguri ulei de masline
- Sare si piper dupa gust

INSTRUCȚIUNI:

a) Într-un castron mare, combinați pastele, afinele, brânza de capră și migdalele prăjite.
b) Într-un castron mic, amestecați mierea, oțetul balsamic, uleiul de măsline, sarea și piperul.
c) Se toarnă dressingul peste amestecul de paste și se amestecă până se îmbracă bine.
d) Dati la frigider cel putin 1 ora inainte de servire.

65.Salată de paste cu spanac, mazăre, zmeură și spirală

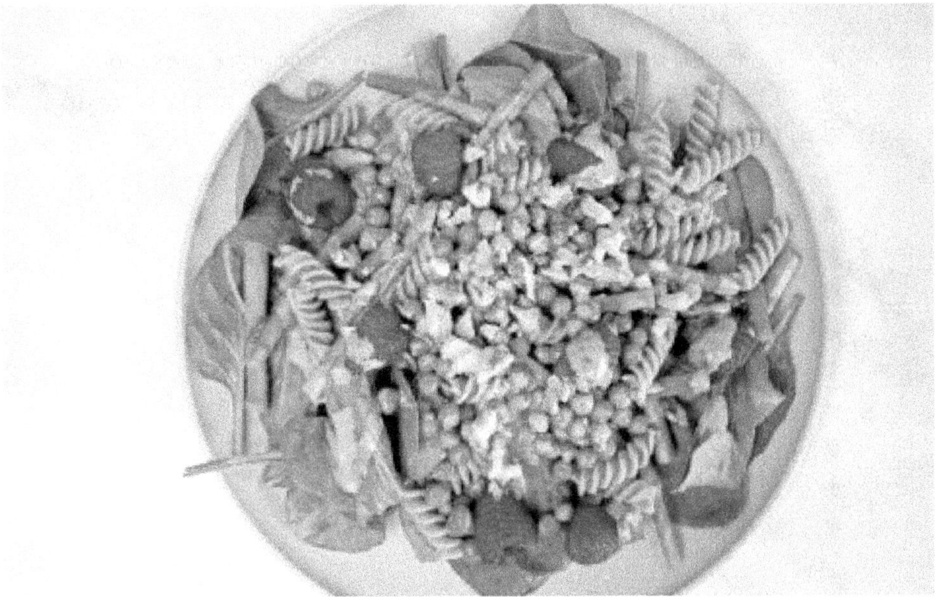

INGREDIENTE:

- 8 oz paste spiralate (tricolor sau grâu integral pentru un plus de culoare și nutriție)
- 2 cani de frunze proaspete de spanac, spalate si rupte
- 1 cană de mazăre proaspătă sau congelată, albită și răcită
- 1 cana zmeura proaspata, spalata
- 1/2 cană brânză feta, mărunțită
- 1/4 cana ceapa rosie, tocata marunt
- 1/4 cana frunze de menta proaspata tocate
- 1/4 cană frunze de busuioc proaspăt tocate
- Pentru **DRESSING:**
- 1/4 cană ulei de măsline
- 2 linguri de otet balsamic
- 1 lingură muștar de Dijon
- 1 lingura miere
- Sare si piper dupa gust

INSTRUCȚIUNI:

a) Gatiti pastele spiralate conform instructiunilor de pe ambalaj. Scurgeți și clătiți cu apă rece pentru a se răci rapid. Pus deoparte.

PREGĂTIȚI PANSAMENTUL:

b) Într-un castron mic, amestecați uleiul de măsline, oțetul balsamic, muștarul de Dijon, mierea, sare și piper. Ajustați condimentele după gust.

ASSAMBLAȚI SALATA:

c) Într-un castron mare, combinați pastele spiralate fierte și răcite, frunzele de spanac rupte, mazărea albită, zmeura, brânza feta mărunțită, ceapa roșie tocată, menta și busuioc.
d) Turnați dressingul peste ingredientele pentru salată.
e) Aruncați ușor salata pentru a vă asigura că toate ingredientele sunt bine acoperite cu dressing. Aveți grijă să nu zdrobiți zmeura.
f) Acoperiți bolul cu salată cu folie de plastic și lăsați-l la frigider pentru cel puțin 30 de minute pentru a permite aromelor să se topească.
g) Înainte de servire, dați salată o ultimă amestecare blândă. Puteți garni cu frunze de mentă în plus sau cu un strop de feta dacă doriți.

66. Salată de paste cu mandarine și migdale

INGREDIENTE:

- 2 cani de paste rotini, fierte si racite
- 1 conserve (11 oz) de mandarine, scurse
- 1/2 cană migdale feliate, prăjite
- 1/4 cana ceapa verde, tocata
- 3 linguri otet de orez
- 2 linguri sos de soia
- 2 linguri ulei de susan
- 1 lingura miere
- Sare si piper dupa gust

INSTRUCȚIUNI:

a) Într-un castron mare, combinați pastele, mandarinele, migdalele prăjite și ceapa verde.
b) Într-un castron mic, amestecați oțetul de orez, sosul de soia, uleiul de susan, mierea, sare și piper.
c) Se toarnă dressingul peste amestecul de paste și se amestecă până se îmbracă bine.
d) Dati la frigider cel putin 1 ora inainte de servire.

67.Salată de paste cu scoici și sparanghel

INGREDIENTE:

- 2 cani de paste gemelli, fierte si racite
- 1 lb scoici, prăjite
- 1 cană sparanghel, albit și tocat
- 1/4 cana rosii uscate la soare, tocate
- 2 linguri nuci de pin, prajite
- 1/4 cană busuioc proaspăt, tocat
- 3 linguri ulei de măsline extravirgin
- Suc de 1 lămâie
- Sare si piper dupa gust

INSTRUCȚIUNI:

a) Într-un castron mare, combinați pastele, scoicile prăjite, sparanghelul, roșiile uscate la soare, nucile de pin și busuiocul.
b) Într-un castron mic, amestecați uleiul de măsline și sucul de lămâie.
c) Turnați dressingul peste amestecul de paste și amestecați până se omogenizează bine.
d) Se condimenteaza cu sare si piper dupa gust.
e) Dati la frigider cel putin 1 ora inainte de servire.

68.Creveți cu lămâie și usturoi și salată de orzo

INGREDIENTE:

- 2 cani de paste orzo, fierte si racite
- 1 kg de creveți mari, fierți și curățați
- 1 cană de roșii cherry, tăiate la jumătate
- 1/2 cană măsline Kalamata, feliate
- 1/4 cana ceapa rosie, tocata marunt
- 2 linguri patrunjel proaspat, tocat
- Coaja și zeama a 2 lămâi
- 3 linguri ulei de măsline extravirgin
- Sare si piper dupa gust

INSTRUCȚIUNI:

a) Într-un castron mare, combinați pastele orzo, creveții fierți, roșiile cherry, măslinele Kalamata, ceapa roșie și pătrunjelul.

b) Într-un castron mic, amestecați coaja de lămâie, sucul de lămâie, uleiul de măsline, sare și piper.

c) Se toarnă dressingul peste amestecul de paste și se amestecă până se îmbracă bine.

d) Dati la frigider cel putin 1 ora inainte de servire.

69. Fusilli cu usturoi-ciuperci cu salată de pere

INGREDIENTE:

- 1 ceapă brună
- 2 catei de usturoi
- 1 pachet de ciuperci feliate
- 1 plic de usturoi și condimente
- 1 pachet de smântână ușoară pentru gătit
- 1 plic de pudră de bulion de pui
- 1 pachet de fusilli (Conține gluten; poate fi prezent: ou, soia)
- 1 para
- 1 plic de frunze de salată amestecate
- 1 pachet de parmezan
- Ulei de masline
- 1,75 căni de apă clocotită
- Un strop de otet (vin balsamic sau alb)

INSTRUCȚIUNI:

a) Fierbe ibricul. Tăiați mărunt ceapa brună și usturoiul. Încinge o cratiță mare la foc mediu-mare cu un strop generos de ulei de măsline. Gătiți ciupercile și ceapa feliate, amestecând din când în când, până se înmoaie, ceea ce durează aproximativ 6-8 minute. Adăugați usturoiul și condimentele de usturoi și ierburi și gătiți până se simte parfumat timp de aproximativ 1 minut.

b) Adăugați smântâna ușoară de gătit, apă clocotită (1 3/4 căni pentru 2 persoane), praf de bulion de pui și fusilli. Se amestecă pentru a se combina și se aduce la fierbere. Reduceți focul la mediu, acoperiți cu un capac și gătiți, amestecând din când în când, până când pastele sunt „al dente", ceea ce durează aproximativ 11 minute. Se amestecă prin parmezan ras și se asezonează după gust cu sare și piper.

c) În timp ce pastele se gătesc, feliați perele subțiri. Într-un castron mediu, adăugați un strop de oțet și ulei de măsline. Acoperiți dressingul cu un amestec de frunze de salată și pere. Se condimentează și se amestecă pentru a se combina.

d) Împărțiți fusilli-ul cremos de ciuperci într-o oală între boluri. Se serveste cu salata de pere. Bucură-te de masa ta delicioasă!

70.Salată de paste cu legume mediteraneene

INGREDIENTE:

- 2 cani de paste penne, fierte si racite
- 1 cană de roșii cherry, tăiate la jumătate
- 1 castravete, taiat cubulete
- 1/2 cană măsline Kalamata, feliate
- 1/4 cana ceapa rosie, tocata marunt
- 1/2 cană brânză feta, mărunțită
- 1/3 cană ulei de măsline extravirgin
- 2 linguri otet de vin rosu
- 1 lingurita oregano uscat
- Sare si piper dupa gust

INSTRUCȚIUNI:

a) Într-un castron mare, combinați pastele, roșiile cherry, castraveții, măslinele Kalamata, ceapa roșie și brânza feta.

b) Într-un castron mic, amestecați uleiul de măsline, oțetul de vin roșu, oregano uscat, sare și piper.

c) Se toarnă dressingul peste amestecul de paste și se amestecă până se îmbracă bine.

d) Dati la frigider cel putin 1 ora inainte de servire.

71.Salată de paste în spirală cu pesto și legume

INGREDIENTE:

- 2 cani de paste spiralate, fierte si racite
- 1 cană de roșii cherry, tăiate la jumătate
- 1/2 cană inimioare de anghinare, tocate
- 1/2 cană măsline negre, feliate
- 1/4 cana ceapa rosie, tocata marunt
- 1/3 cană sos pesto
- 3 linguri de parmezan ras
- Sare si piper dupa gust

INSTRUCȚIUNI:

a) Într-un castron mare, combinați pastele, roșiile cherry, inimile de anghinare, măslinele negre și ceapa roșie.
b) Adăugați sosul pesto și amestecați până se amestecă bine.
c) Presarati parmezan ras peste salata.
d) Se condimenteaza cu sare si piper dupa gust.
e) Dati la frigider cel putin 1 ora inainte de servire.

72. Salată de paste cu legume cu curcubeu

INGREDIENTE:

- 2 cani de paste papion, fierte si racite
- 1 cană buchețele de broccoli, albite
- 1 cană ardei gras (culori asortate), tăiați cubulețe
- 1/2 cană roșii cherry, tăiate la jumătate
- 1/4 cana ceapa rosie, tocata marunt
- 1/3 cană sos italian
- Busuioc proaspăt pentru decor
- Sare si piper dupa gust

INSTRUCȚIUNI:

a) Într-un castron mare, combinați pastele, buchețelele de broccoli, ardeii gras, roșiile cherry și ceapa roșie.
b) Adăugați dressing italian și amestecați până se îmbracă bine.
c) Se ornează cu busuioc proaspăt.
d) Se condimenteaza cu sare si piper dupa gust.
e) Dati la frigider cel putin 1 ora inainte de servire.

73. Salată asiatică cu susan și legume

INGREDIENTE:

- 2 cani de taitei soba, fierti si raciti
- 1 cană de mazăre de zăpadă, albită și tăiată felii
- 1 cană morcovi mărunțiți
- 1/2 cană ardei gras roșu, feliat subțire
- 1/4 cana ceapa verde, tocata
- 2 linguri de seminte de susan, prajite
- 1/3 cană sos de soia
- 2 linguri otet de orez
- 1 lingura ulei de susan
- 1 lingura miere

INSTRUCȚIUNI:

a) Într-un castron mare, combinați tăițeii soba, mazărea de zăpadă, morcovii mărunțiți, ardeiul gras roșu, ceapa verde și semințele de susan.
b) Într-un castron mic, amestecați sosul de soia, oțetul de orez, uleiul de susan și mierea.
c) Se toarnă dressingul peste amestecul de tăiței și se amestecă până se îmbracă bine.
d) Dati la frigider cel putin 1 ora inainte de servire.

74. Salată grecească de legume Orzo

INGREDIENTE:

- 2 cani de paste orzo, fierte si racite
- 1 cană de castraveți, tăiați cubulețe
- 1 cană de roșii cherry, tăiate la jumătate
- 1/2 cană măsline Kalamata, feliate
- 1/4 cana ceapa rosie, tocata marunt
- 1/2 cană brânză feta, mărunțită
- 3 linguri dressing grecesc
- Oregano proaspăt pentru garnitură
- Sare si piper dupa gust

INSTRUCȚIUNI:

a) Într-un castron mare, combinați pastele orzo, castraveții, roșiile cherry, măslinele Kalamata, ceapa roșie și brânza feta.
b) Adăugați dressing grecesc și amestecați până se amestecă bine.
c) Se ornează cu oregano proaspăt.
d) Se condimenteaza cu sare si piper dupa gust.
e) Dati la frigider cel putin 1 ora inainte de servire.

75. Salată de paste cu legume prăjite și năut

INGREDIENTE:

- 2 cani de paste fusilli, fierte si racite
- 1 cană de roșii cherry, tăiate la jumătate
- 1 cană dovlecel, tăiat cubulețe
- 1 cană ardei gras (culori asortate), tăiați cubulețe
- 1/2 cana ceapa rosie, tocata marunt
- 1 conserve (15 oz) de năut, scurs și clătit
- 3 linguri vinaigreta balsamica
- 3 linguri ulei de masline
- 2 linguri busuioc proaspăt, tocat
- Sare si piper dupa gust

INSTRUCȚIUNI:

a) Într-un castron mare, combinați pastele, roșiile cherry, dovlecelul, ardeiul gras, ceapa roșie și năut.
b) Într-un castron mic, amestecați vinegreta balsamică, uleiul de măsline, busuioc, sare și piper.
c) Se toarnă dressingul peste amestecul de paste și se amestecă până se îmbracă bine.
d) Dati la frigider cel putin 1 ora inainte de servire.

76. Salată de paste reci cu spanac și anghinare

INGREDIENTE:

- 2 cani de paste rotini, fierte si racite
- 1 cană frunze de spanac baby
- 1 cană inimioare de anghinare, tocate
- 1/2 cană roșii cherry, tăiate la jumătate
- 1/4 cana ceapa rosie, tocata marunt
- 1/3 cană iaurt grecesc
- 2 linguri maioneza
- 2 linguri de parmezan ras
- 1 lingura suc de lamaie
- Sare si piper dupa gust

INSTRUCȚIUNI:

a) Într-un castron mare, combinați pastele, spanac pentru copii, inimioare de anghinare, roșii cherry și ceapa roșie.
b) Într-un castron mic, amestecați iaurtul grecesc, maioneza, parmezanul, sucul de lămâie, sare și piper.
c) Se toarnă dressingul peste amestecul de paste și se amestecă până se îmbracă bine.
d) Dati la frigider cel putin 1 ora inainte de servire.

77.Salata thailandeza cu taitei de legume cu arahide

INGREDIENTE:

- 2 cani de taitei de orez, fierti si raciti
- 1 cană buchețele de broccoli, albite
- 1 cană morcovi mărunțiți
- 1/2 cană ardei gras roșu, feliat subţire
- 1/4 cana ceapa verde, tocata
- 1/4 cana alune, tocate
- 1/3 cană sos de arahide
- 2 linguri sos de soia
- 1 lingura suc de lamaie
- 1 lingura miere

INSTRUCȚIUNI:

a) Într-un castron mare, combinați tăițeii de orez, buchețele de broccoli, morcovii mărunțiți, ardeiul gras roșu, ceapa verde și alunele.

b) Într-un castron mic, amestecați împreună sosul de arahide, sosul de soia, sucul de lămâie și mierea.

c) Se toarnă dressingul peste amestecul de tăiței și se amestecă până se îmbracă bine.

d) Dati la frigider cel putin 1 ora inainte de servire.

78. Salată de paste Caesar Veggie

INGREDIENTE:

- 2 cani de paste papion, fierte si racite
- 1 cană de roșii cherry, tăiate la jumătate
- 1 cană de castraveți, tăiați cubulețe
- 1/2 cană măsline negre, feliate
- 1/4 cana ceapa rosie, tocata marunt
- 1/4 cană parmezan ras
- 1/4 cană crutoane, zdrobite
- 1/2 cană dressing Caesar
- Pătrunjel proaspăt pentru garnitură
- Sare si piper dupa gust

INSTRUCȚIUNI:

a) Într-un castron mare, combinați pastele, roșiile cherry, castraveții, măslinele negre, ceapa roșie, parmezanul și crutoanele zdrobite.
b) Adaugati dressingul Caesar si amestecati pana se omogenizeaza bine.
c) Se ornează cu pătrunjel proaspăt.
d) Dati la frigider cel putin 1 ora inainte de servire.

79.Salată de paste cu homar și mango

INGREDIENTE:

- 2 cani de paste penne, fierte si racite
- 1 lb carne de homar, fiartă și tocată
- 1 mango, taiat cubulete
- 1/2 cană castraveți, tăiați cubulețe
- 1/4 cana ceapa rosie, tocata marunt
- 1/4 cana menta proaspata, tocata
- Suc de 2 lime
- 3 linguri ulei de măsline extravirgin
- Sare si piper dupa gust

INSTRUCȚIUNI:

a) Într-un castron mare, combinați pastele, carnea de homar, mango, castraveți, ceapa roșie și menta.
b) Într-un castron mic, amestecați sucul de lămâie, uleiul de măsline, sarea și piperul.
c) Turnați dressingul peste amestecul de paste și amestecați până se omogenizează bine.
d) Dati la frigider cel putin 1 ora inainte de servire.

80.Salată de paste cu creveți Tzatziki mediteraneean

INGREDIENTE:

- 2 cani de paste fusilli, fierte si racite
- 1 kg de creveți fierți, curățați și devenați
- 1 cană de roșii cherry, tăiate la jumătate
- 1/2 cană castraveți, tăiați cubulețe
- 1/4 cana ceapa rosie, tocata marunt
- 1/3 cană măsline Kalamata, feliate
- 1/2 cană brânză feta mărunțită
- 1/2 cană sos tzatziki
- Mărar proaspăt pentru garnitură
- Sare si piper dupa gust

INSTRUCȚIUNI:

a) Într-un castron mare, combinați pastele, creveții fierți, roșiile cherry, castraveții, ceapa roșie, măslinele și brânza feta.
b) Adăugați sosul tzatziki și amestecați până se amestecă bine.
c) Se condimenteaza cu sare si piper dupa gust.
d) Se ornează cu mărar proaspăt.
e) Dati la frigider cel putin 1 ora inainte de servire.

81. Salată de paste cu creveți și roșii cherry

INGREDIENTE:

- ¾ de kilograme de creveți, fierți până devin roz, aproximativ 2 minute și scurși
- 12 uncii de paste rotini

LEGUME

- 1 dovlecel, tocat
- 2 ardei gras galbeni, taiati in patru
- 10 roșii struguri, tăiate la jumătate
- ½ lingurita sare
- ½ ceapă albă, feliată subțire
- ¼ cană măsline negre, feliate
- 2 căni Baby spanac

SOS Cremos

- 4 linguri de unt nesarat
- 4 linguri de făină universală
- ½ lingurita sare
- 1 lingurita praf de usturoi
- 1 lingurita praf de ceapa
- 4 linguri drojdie nutritivă
- 2 cani de lapte
- 2 linguri suc de lamaie

PENTRU SERVIRE

- Piper negru

INSTRUCȚIUNI

PASTE:

a) Pregătiți pastele al dente conform instrucțiunilor de pe cutie.
b) Scurgeți, apoi puneți deoparte.

LEGUME:

c) Pune o tigaie la foc moderat si adauga putin ulei.
d) În timp ce amestecați ocazional, gătiți dovlecelul, ardeiul gras, ceapa și sarea timp de 8 minute.
e) Adăugați roșiile și gătiți încă 3 minute, sau până când legumele sunt fragede.
f) Adăugați spanacul și gătiți aproximativ 3 minute sau până se ofilește.

SOS Cremos:

g) Într-o oală la foc moderat, topim untul.
h) Adăugați făina și amestecați ușor pentru a crea o pastă fină.
i) Adăugați laptele și amestecați din nou.
j) Adăugați ingredientele rămase pentru sos și fierbeți timp de aproximativ 5 minute.

A ASAMBLA:

k) Combinați creveții fierți, pastele fierte, legumele, măslinele negre și sosul cremos într-un bol de servire.
l) Se orneaza cu un strop de piper negru crapat.

82. Salată de paste și ton cu nuci

INGREDIENTE:

- 1 cap de broccoli, separat in buchete
- 8 măsline negre mari, tăiate felii
- 1 lb. paste penne
- 1/2 cană bucăți de nucă, prăjite
- 1 lb. fripturi de ton proaspete
- 4 catei de usturoi, tocati
- 1/4 cană apă
- 2 linguri patrunjel proaspat tocat
- 2 linguri suc proaspăt de lămâie
- 4 fileuri de hamsii, clatite
- 1/4 cană vin alb
- 3/4 cană ulei de măsline
- 4 roșii medii, tăiate în sferturi
- 1 lb. brânză mozzarella, tăiată cubulețe

INSTRUCȚIUNI:

a) Gatiti pastele conform instructiunilor de pe ambalaj.
b) Aduceți o oală cu apă sărată la fiert. Gatiti in el broccoli timp de 5 minute. Scoateți-l din apă și puneți-l deoparte.
c) Pune o tigaie mare la foc mediu. Se amestecă tonul cu apă, vin alb și suc de lămâie. puneți capacul și gătiți-le până când somonul este gata pentru aproximativ 8 până la 12 minute.
d) Păineți fileurile de somon în bucăți.
e) Luați un castron mare: aruncați în el peștele de somon gătit cu broccoli, penne, pește, roșii, brânză, măsline, nuci, usturoi și pătrunjel. Amesteca-le bine.
f) Pune o tigaie mare la foc mediu. Încinge uleiul în el. Tăiați hamșa în bucăți mici. Gătiți-le în tigaia încălzită până se topesc în ulei.
g) Amestecați amestecul în salata de paste și amestecați-le bine. Servește-ți salata de paste imediat.

83. Tender de pui și salată Farfalle

INGREDIENTE:

- 6 ouă
- 3 cepe verde, feliate subțiri
- 1 (16 oz.) pachet farfalle (papion) paste
- 1/2 ceapa rosie, tocata
- 1/2 (16 oz) sticlă sos de salată în stil italian
- 6 tapete de pui
- 1 castravete, feliat
- 4 inimioare de salata romana, feliate subtiri
- 1 legătură ridichi, tăiate și feliate
- 2 morcovi, decojiti si feliati

INSTRUCȚIUNI:

a) Puneți ouăle într-o cratiță mare și acoperiți-le cu apă. Se fierb ouăle la foc mediu până încep să fiarbă.
b) Opriți focul și lăsați ouăle să stea timp de 16 minute. Clătiți ouăle cu puțină apă rece pentru a le face să piardă căldura.
c) Curățați ouăle și tăiați-le felii apoi puneți-le deoparte.
d) Puneți mânerele de pui într-o cratiță mare. Acoperiți-le cu 1/4 cană de apă. Gătiți-le la foc mediu până când puiul este gata.
e) Scurgeți carnea de pui și tăiați-le în bucăți mici.
f) Obțineți un castron mare: aruncați în el pastele, puiul, ouăle, castraveții, ridichile, morcovii, ceapa verde și ceapa roșie. Adăugați dressingul italian și amestecați-le din nou.
g) Pune salata la frigider pentru 1 h 15 minute.
h) Așezați inimioare de salată verde în farfurii de servire. Împărțiți salata între ele. Serviți-le imediat.
i) Bucurați-vă.

84.Salată cremoasă de paste Penn

INGREDIENTE:

- 1 cutie (16 oz.) paste mini penne
- 1/3 cana ceapa rosie tocata
- 1 1/2 lb. pui gătit tocat
- 1/2 (8 oz.) sticlă sos cremos pentru salată Caesar
- 1/2 cană ardei gras verde tăiat cubulețe
- 2 oua fierte tari, tocate
- 1/3 cană parmezan ras

INSTRUCȚIUNI:

a) Gatiti pastele conform instructiunilor de pe ambalaj.
b) Obțineți un castron mare: aruncați în el pastele, puiul, ardeiul verde, ouăle, parmezanul și ceapa roșie.
c) Adăugați dressingul și amestecați-le bine. Acoperiți vasul și puneți-l la frigider pentru 2 h 15
d) minute. Ajustați condimentul salatei și serviți-o.
e) Bucurați-vă.

85.Salată cu feta și curcan prăjit

INGREDIENTE:

- 1 1/2 cană ulei de măsline
- 3 cani de paste penne fierte
- 1/2 cană oțet de vin roșu
- 1 litru de roșii struguri, tăiate la jumătate
- 1 lingurita usturoi proaspat tocat
- 8 oz. brânză feta mărunțită
- 2 lingurite frunze de oregano uscate
- 1 pachet (5 oz.) amestec de salată verde
- 3 cani piept de curcan la cuptor, feliat gros si taiat cuburi
- 1/2 cană pătrunjel italian tocat
- 1/2 cană ceapă roșie feliată subțire
- 1 borcan (16 oz.) măsline Kalamata fără sâmburi, scurse, tocate

INSTRUCȚIUNI:

a) Luați un castron mic: amestecați în el uleiul de măsline, oțetul, usturoiul și oregano. Amesteca-le bine pentru a face vinaigreta.

b) Obțineți un castron mare: aruncați în el restul ingredientelor. Adăugați dressingul și amestecați-le din nou. Ajustați condimentul salatei apoi serviți-o.

c) Bucurați-vă.

86.Salată de paste cu pui cu nuci

INGREDIENTE:

- 6 felii de bacon
- 1 borcan (6 oz.) inimioare de anghinare marinate, 10 sulițe de sparanghel scurse, capetele tăiate și tocate grosier
- 1/2 (16 oz.) pachet rotini, cot sau penne 1 piept de pui gătit, paste cubulețe
- 1/4 cană afine uscate
- 3 linguri de maioneză cu conținut scăzut de grăsimi
- 1/4 cană migdale feliate prăjite
- 3 linguri sos de salata cu vinaigreta balsamica
- sare si piper dupa gust
- 2 lingurite suc de lamaie
- 1 linguriță sos Worcestershire

INSTRUCȚIUNI:

a) Pune o tigaie mare la foc mediu. Gatiti in el baconul pana devine crocant. Scoateți-l din excesul de grăsime. Se sfărâmă și se pune deoparte.
b) Gatiti pastele conform instructiunilor de pe ambalaj.
c) Obțineți un castron mic: amestecați în el maiaua, vinaigreta balsamică, sucul de lămâie și sosul Worcestershire. Amesteca-le bine.
d) Luați un castron mare: aruncați în el pastele cu dressing. Adăugați anghinarea, puiul, merisoarele, migdalele, baconul mărunțit și sparanghelul, un praf de sare și piper.
e) Amestecați-le bine. Dati salata la frigider 1h 10 min apoi serviti-o.
f) Bucurați-vă.

87.Salată de paste Caesar cu pui

INGREDIENTE:

- 2 cani de paste rotini, fierte si racite
- 1 kg piept de pui la gratar, feliat
- 1 cană de roșii cherry, tăiate la jumătate
- 1/2 cană măsline negre, feliate
- 1/4 cană parmezan ras
- 1/4 cană crutoane
- 1/2 cană dressing Caesar
- Pătrunjel proaspăt pentru garnitură
- Sare si piper dupa gust

INSTRUCȚIUNI:

a) Într-un castron mare, combinați pastele, puiul la grătar, roșiile cherry, măslinele negre, parmezanul și crutoanele.
b) Adaugati dressingul Caesar si amestecati pana se omogenizeaza bine.
c) Se ornează cu pătrunjel proaspăt.
d) Dati la frigider cel putin 1 ora inainte de servire.

88.Salată de paste cu curcan și afine

INGREDIENTE:

- 2 cani de paste fusilli, fierte si racite
- 1 lb piept de curcan fiert, tăiat cubulețe
- 1/2 cană de afine uscate
- 1/4 cana ceapa rosie, tocata marunt
- 1/2 cana telina, tocata marunt
- 1/4 cană nuci pecan, tocate
- 1/2 cană maioneză
- 2 linguri muștar de Dijon
- Sare si piper dupa gust

INSTRUCȚIUNI:

a) Într-un castron mare, combinați pastele, curcanul tăiat cubulețe, merisoarele uscate, ceapa roșie, țelina și nucile pecan.
b) Într-un castron mic, amestecați maioneza, muștarul de Dijon, sare și piper.
c) Se toarnă dressingul peste amestecul de paste și se amestecă până se îmbracă bine.
d) Dati la frigider cel putin 1 ora inainte de servire.

89. Salată de paste cu pui la grătar cu lămâie

INGREDIENTE:

- 2 cani de paste penne, fierte si racite
- 1 kg piept de pui la gratar, feliat
- 1 cană de roșii cherry, tăiate la jumătate
- 1/2 cană castraveți, tăiați cubulețe
- 1/4 cana ceapa rosie, tocata marunt
- 1/4 cană brânză feta, mărunțită
- 2 linguri patrunjel proaspat, tocat
- Suc de 2 lămâi
- 3 linguri ulei de măsline extravirgin
- Sare si piper dupa gust

INSTRUCȚIUNI:

a) Într-un castron mare, combinați pastele, puiul la grătar, roșiile cherry, castraveții, ceapa roșie, brânză feta și pătrunjelul.
b) Într-un castron mic, amestecați sucul de lămâie, uleiul de măsline, sare și piper.
c) Se toarnă dressingul peste amestecul de paste și se amestecă până se îmbracă bine.
d) Dati la frigider cel putin 1 ora inainte de servire.

90.Salată de paste cu pui și bacon

INGREDIENTE:

- 2 cani de paste papion, fierte si racite
- 1 kg piept de pui la gratar, taiat cubulete
- 1/2 cană roșii cherry, tăiate la jumătate
- 1/4 cana ceapa rosie, tocata marunt
- 1/2 cană de slănină, fiartă și mărunțită
- 1/4 cană brânză cheddar mărunțită
- 1/2 cană de dressing ranch
- Arpagic pentru ornat
- Sare si piper dupa gust

INSTRUCȚIUNI:

a) Într-un castron mare, combinați pastele, puiul la grătar tăiat cubulețe, roșiile cherry, ceapa roșie, baconul și brânza cheddar mărunțită.
b) Adăugați dressingul ranch și amestecați până se amestecă bine.
c) Se ornează cu arpagic.
d) Dati la frigider cel putin 1 ora inainte de servire.

91.Salată de paste curry cu pui și mango

INGREDIENTE:

- 2 cani de paste mari spiralate sau farfalle, fierte si racite
- 1 lb piept de pui fiert, tocat
- 1 mango, taiat cubulete
- 1/2 cană ardei gras roșu, tăiat cubulețe
- 1/4 cana ceapa rosie, tocata marunt
- 1/4 cană stafide
- 1/4 cană caju, tocate
- 1/2 cană maioneză
- 1 lingură pudră de curry
- Sare si piper dupa gust

INSTRUCȚIUNI:

a) Într-un castron mare, combinați pastele, puiul mărunțit, mango, ardeiul gras roșu, ceapa roșie, stafidele și caju.
b) Într-un castron mic, amestecați maioneza și pudra de curry.
c) Se toarnă dressingul peste amestecul de paste și se amestecă până se îmbracă bine.
d) Se condimenteaza cu sare si piper dupa gust.
e) Dati la frigider cel putin 1 ora inainte de servire.

92.Salată grecească de pui și orzo

INGREDIENTE:

- 2 cani de paste orzo, fierte si racite
- 1 kg piept de pui la gratar, taiat cubulete
- 1 cană de roșii cherry, tăiate la jumătate
- 1/2 cană castraveți, tăiați cubulețe
- 1/4 cana ceapa rosie, tocata marunt
- 1/3 cană măsline Kalamata, feliate
- 1/2 cană brânză feta mărunțită
- 1/4 cana patrunjel proaspat, tocat
- 3 linguri dressing grecesc
- Sare si piper dupa gust

INSTRUCȚIUNI:

a) Într-un castron mare, combinați pastele orzo, pui la grătar, roșii cherry, castraveți, ceapă roșie, măsline Kalamata, brânză feta și pătrunjel.
b) Adăugați dressing grecesc și amestecați până se amestecă bine.
c) Se condimenteaza cu sare si piper dupa gust.
d) Dati la frigider cel putin 1 ora inainte de servire.

93. Salată de paste cu pui și fasole neagră

INGREDIENTE:

- 2 cani de paste rotini, fierte si racite
- 1 kg piept de pui la gratar, feliat
- 1 conserve (15 oz) de fasole neagră, clătită și scursă
- 1 cană boabe de porumb, fierte (proaspete sau congelate)
- 1/2 cană ardei gras roșu, tăiat cubulețe
- 1/4 cana ceapa rosie, tocata marunt
- 1/4 cană coriandru proaspăt, tocat
- Suc de 2 lime
- 3 linguri ulei de masline
- 1 lingurita chimen
- Sare si piper dupa gust

INSTRUCȚIUNI:

a) Într-un castron mare, combinați pastele, pui la grătar, fasole neagră, porumb, ardei gras roșu, ceapă roșie și coriandru.
b) Într-un castron mic, amestecați sucul de lămâie, uleiul de măsline, chimenul, sarea și piperul.
c) Turnați dressingul peste amestecul de paste și amestecați până se omogenizează bine.
d) Dati la frigider cel putin 1 ora inainte de servire.

94.Salată de paste cu pui cu mango

INGREDIENTE:

- 2 cani de paste penne, fierte si racite
- 1 lb piept de pui fiert, tocat
- 1 mango, taiat cubulete
- 1/2 cană ardei gras roșu, tăiat cubulețe
- 1/4 cana ceapa rosie, tocata marunt
- 1/4 cană stafide aurii
- 1/4 cană caju, tocate
- 1/2 cană maioneză
- 1 lingură pudră de curry
- Sare si piper dupa gust

INSTRUCȚIUNI:

a) Într-un castron mare, combinați pastele, puiul mărunțit, mango, ardeiul gras roșu, ceapa roșie, stafidele și caju.
b) Într-un castron mic, amestecați maioneza și pudra de curry.
c) Se toarnă dressingul peste amestecul de paste și se amestecă până se îmbracă bine.
d) Se condimenteaza cu sare si piper dupa gust.
e) Dati la frigider cel putin 1 ora inainte de servire.

95.Salată de paste cu pesto de pui caprese

INGREDIENTE:

- 2 cani de paste farfalle, fierte si racite
- 1 kg piept de pui la gratar, feliat
- 1 cană de roșii cherry, tăiate la jumătate
- 1/2 cană bile proaspete de mozzarella
- 1/4 cană busuioc proaspăt, tocat
- 2 linguri nuci de pin, prajite
- 1/3 cană pesto de busuioc
- 3 linguri glazura balsamic
- Sare si piper dupa gust

INSTRUCȚIUNI:

a) Într-un castron mare, combinați pastele, puiul la grătar, roșiile cherry, biluțele de mozzarella, busuiocul și nucile de pin.
b) Adăugați pesto de busuioc și amestecați până se îmbracă bine.
c) Stropiți cu glazură balsamică și asezonați cu sare și piper după gust.
d) Dati la frigider cel putin 1 ora inainte de servire.

96.Salată asiatică de pui cu susan

INGREDIENTE:

- 2 cani de taitei soba, fierti si raciti
- 1 kg piept de pui la gratar, tocat
- 1 cană de varză mărunțită
- 1/2 cană morcovi mărunțiți
- 1/4 cană ardei gras roșu, feliat subțire
- 1/4 cana ceapa verde, tocata
- 2 linguri de seminte de susan, prajite
- 1/3 cană sos de soia
- 2 linguri ulei de susan
- 1 lingura otet de orez
- 1 lingura miere

INSTRUCȚIUNI:

a) Într-un castron mare, combinați tăițeii soba, puiul mărunțit, varza, morcovii, ardeiul gras roșu, ceapa verde și semințele de susan.
b) Într-un castron mic, amestecați sosul de soia, uleiul de susan, oțetul de orez și mierea.
c) Se toarnă dressingul peste amestecul de tăiței și se amestecă până se îmbracă bine.
d) Dati la frigider cel putin 1 ora inainte de servire.

97.Salată de paste cu lămâie, curcan și sparanghel

INGREDIENTE:

- 2 cani de paste fusilli, fierte si racite
- 1 lb piept de curcan fiert, tăiat cubulețe
- 1 cană sparanghel, albit și tocat
- 1/2 cană roșii cherry, tăiate la jumătate
- 1/4 cana ceapa rosie, tocata marunt
- 1/4 cană brânză feta, mărunțită
- Coaja și zeama a 2 lămâi
- 3 linguri ulei de măsline extravirgin
- 2 linguri patrunjel proaspat, tocat
- Sare si piper dupa gust

INSTRUCȚIUNI:

a) Într-un castron mare, combinați pastele, curcanul tăiat cubulețe, sparanghelul, roșiile cherry, ceapa roșie și brânza feta.
b) Într-un castron mic, amestecați coaja de lămâie, sucul de lămâie, uleiul de măsline, sare și piper.
c) Se toarnă dressingul peste amestecul de paste și se amestecă până se îmbracă bine.
d) Se ornează cu pătrunjel proaspăt.
e) Dati la frigider cel putin 1 ora inainte de servire.

98.Salată de paste pesto cu pui și broccoli

INGREDIENTE:

- 2 cani de paste penne, fierte si racite
- 1 kg piept de pui la gratar, feliat
- 1 cană buchețele de broccoli, albite
- 1/4 cana rosii uscate la soare, tocate
- 1/4 cană nuci de pin, prăjite
- 1/2 cană parmezan, ras
- 1/3 cană pesto de busuioc
- 3 linguri ulei de măsline extravirgin
- Sare si piper dupa gust

INSTRUCȚIUNI:

a) Într-un castron mare, combinați pastele, puiul la grătar, broccoli, roșiile uscate la soare, nucile de pin și parmezanul.
b) Adauga pesto de busuioc si ulei de masline, amestecand pana se omogenizeaza bine.
c) Se condimenteaza cu sare si piper dupa gust.
d) Dati la frigider cel putin 1 ora inainte de servire.

99.Salată de paste cu pui de bivoliță

INGREDIENTE:

- 2 cani de paste rotini, fierte si racite
- 1 lb piept de pui fiert, tocat
- 1/2 cana telina, tocata marunt
- 1/4 cana ceapa rosie, tocata marunt
- 1/4 cană brânză albastră sfărâmături
- 1/3 cană sos de bivoliță
- 1/4 cană dressing ranch
- Arpagic proaspăt pentru ornat
- Sare si piper dupa gust

INSTRUCȚIUNI:

a) Într-un castron mare, combinați pastele, puiul mărunțit, țelina, ceapa roșie și crumblele de brânză albastră.
b) Într-un castron mic, amestecați sosul de bivoliță și sosul ranch.
c) Se toarnă dressingul peste amestecul de paste și se amestecă până se îmbracă bine.
d) Se ornează cu arpagic proaspăt.
e) Dati la frigider cel putin 1 ora inainte de servire.

100. Salată de paste cu pui cu afine, nuci

INGREDIENTE:

- 2 cani de paste farfalle, fierte si racite
- 1 lb piept de pui fiert, tăiat cubulețe
- 1/2 cană de afine uscate
- 1/4 cana nuci, tocate si prajite
- 1/2 cana telina, tocata marunt
- 1/4 cana ceapa rosie, tocata marunt
- 1/2 cană maioneză
- 2 linguri muștar de Dijon
- Sare si piper dupa gust

INSTRUCȚIUNI:

a) Într-un castron mare, combinați pastele, puiul tăiat cubulețe, merisoarele uscate, nucile, țelina și ceapa roșie.
b) Într-un castron mic, amestecați maioneza, muștarul de Dijon, sare și piper.
c) Se toarnă dressingul peste amestecul de paste și se amestecă până se îmbracă bine.
d) Dati la frigider cel putin 1 ora inainte de servire.

CONCLUZIE

Când ajungem la sfârșitul „Cartei de bucate pentru salatele artizanale cu antipasto", sperăm că ți-a plăcut să explorezi gama variată de inspirații pentru salate antipasto de pe țărmurile Italiei, Greciei și nu numai. De la preparate clasice, cum ar fi salata Caprese și salata grecească, până la creații inventive, cu combinații de arome neașteptate și ingrediente inovatoare, aceste rețete oferă o privire tentantă asupra tradițiilor culinare bogate ale Mediteranei.

Vă încurajăm să experimentați cu diferite ingrediente, texturi și arome pentru a vă crea propriile salate antipasto care să reflecte gustul și stilul dumneavoastră personal. La urma urmei, frumusețea bucătăriei mediteraneene constă în simplitatea, versatilitatea și accentul pus pe ingrediente proaspete, de sezon.

Vă mulțumim că ne-ați alăturat în această călătorie delicioasă. Fie ca bucătăria ta să fie plină de aroma uleiului de măsline, usturoi și ierburi și fie ca fiecare mușcătură de salată antipasto să te transporte pe o terasă însorită, cu vedere la Marea Mediterană. Poftă bună!

Milton Keynes UK
Ingram Content Group UK Ltd.
UKHW020641010824
446326UK00013B/407

9 781836 237747